Vers l'Amour Médecin

Retrouver confiance

Françoise Dencuff
Médecin

Vers l'Amour Médecin

RETROUVER CONFIANCE

« *En application de l'art. L.137-2.-I. du code de la propriété intellectuelle, toute reproduction et/ou divulgation de parties de l'œuvre dépassant le volume prévu par la loi est expressément interdite* ».

© 2024 Françoise Dencuff

Édition : BoD • Books on Demand GmbH, In de Tarpen 42, 22848 Norderstedt (Allemagne)
Impression : Libri Plureos GmbH, Friedensallee 273, 22763 Hamburg (Allemagne)

Couverture : Selma Theron.
Image Sylvie Theron

ISBN : 978-2-3225-5556-7
Dépôt légal : Novembre 2024

À mes enfants et petits-enfants qui me donnent le courage d'aller toujours plus confiante en la Vie.

À mon filleul et confrère qui partage ma tristesse et ma colère face à la dégradation des soins.

À mes sœurs et mes ami(e)s qui soutiennent mes pas dans l'adversité et ont encouragé cet ouvrage.

Aux patient(e)s, si patients, qui me font l'honneur d'accepter ma présence et mon soutien dans les moments difficiles.

À vous, tous les soignants, avec compassion et amour.

À la Vie !

Prélude

La Dame m'a dit de vous le dire mais
Elle ne m'a pas dit de vous le faire croire.
Sainte Bernadette

Bon-jour !

Comment commencer un livre qui dort au fond de votre cœur depuis si longtemps ? Tout d'abord en l'accueillant. Ce bonjour lui est adressé comme il vous est adressé puisqu'il s'agit d'une rencontre. Une rencontre entre lui et ma petite personne car l'état d'écriture ressemble étrangement à un état modifié de conscience. Une rencontre avec vous, lecteurs. Enfin je l'espère.

Ce bon-jour est aussi celui qui ouvre une porte, la porte du cœur, de l'inconnu, de l'impondérable. Pas simple de sauter dans le vide, d'oser écrire quand ce n'est pas votre métier. Pire encore, écrire pour témoigner d'une vie, de ses aléas et de ses espérances. Une vie faite depuis que je suis née de rencontres improbables et d'expériences souvent difficiles.

Je n'avais pas conscience de ce que je considère maintenant comme un talent, mon talent. Voir et ressentir rapidement les situations, les personnes et décoder leur relation au Vivant. Ce talent va devenir une sorte de fil rouge, les portées de la symphonie de la vie.

Décoder, décrypter : donner du sens. Du sens à nos rencontres, nos épreuves, nos actions, à notre vie. Voilà tout l'objet de cet ouvrage. Je préfère ce terme à celui de livre car, comme une tapisserie ou une broderie, je sais qu'il va me demander de le reprendre encore et encore pour laisser la pensée et les doigts tisser un chemin de lumière. « *Écrire c'est grandir* » nous dit Eudes Sénérias. Je dirais quant à moi qu'écrire nous ouvre à l'au-delà de nos croyances, nos savoirs, nos certitudes. S'ouvrir à l'au-delà du Moi.

Ce moi qui actionne sans cesse le petit vélo du mental empli de croyances, de projections qui s'empare de nos ressentis et nous fait douter de leur justesse. Souvent, sur mon chemin de vie, j'ai senti que les situations que je vivais n'étaient pas en accord avec mes sensations, mes valeurs profondes. Et j'ai oublié qui j'étais, bien plus que mes croyances, mes auto-sabotages, mes peurs, mes doutes et j'ai regardé la réalité à travers leurs filtres pour réussir à avancer.

J'ai peu à peu pris conscience de ma profonde tristesse face à l'effondrement de la confiance entre humains, et plus spécifiquement entre soignants et patients. Cette tristesse s'est muée pendant des années en colère et en rejet de cette médecine qui peu à peu abandonnait l'Être au profit de l'Avoir.

Et un jour, l'in-attendu est venu bousculer le savant échafaudage de mes compromis. Tout à coup, j'ai senti mon corps, mon cœur, tout mon être dire : ça suffit !

Il y a deux façons de dire non aux situations qui nous dérangent.
- La première est un <u>non défensif</u>, de rébellion : *le* **NON contre....**
- La seconde un <u>non d'accueil de l'être profond</u>. Un **NON pour dire OUI à la vie**, sans rejet, sans jugement,

sans justification. Un NON serein qui accorde enfin le corps et l'âme pour laisser place à l'Esprit.

Pour pouvoir dire OUI à la vie, telle qu'elle est, il est essentiel de pouvoir dire NON à ce qui veut y faire barrage et accueillir enfin le tragique de notre finitude. Nous pouvons nous ajuster comme disent les chiropracteurs à condition de savoir ouvrir notre cœur au Vivant.

Après des années de rébellion et de résistance, j'ai pu commencer à transcender mes peurs et ma colère, et dire un NON pleinement conscient. Un NON aux « toujours plus » : plus de traitements, plus de mensonges, à moi-même et aux autres, plus de peurs. Bref plus d'abandon de « qui je suis » pour convaincre, me défendre, réussir à changer les autres et ma façon de « médiciner ». Bref, pour me conformer.

Cet écrit signe ma volonté de tourner la page d'une vision « hors sol » de la médecine qui a oublié la relation et l'amour du soin. Plus encore, le sacré du soin.

Pas simple d'être une soignante et un jour brutalement de l'autre côté du bureau, en position de patiente. Pas simple de renoncer au confort de l'appartenance, de la prise en charge, d'affronter l'incompréhension de mes confrères (au mieux) ou leur rejet (au pire). Et encore moins simple d'oser dépasser la peur de perturber un ordre établi avec à la clé le risque du rejet.

J'ai donc dit NON au conforme pour dire OUI à la femme que je suis devenue tout au long de ces années d'exercice et NON à ce qui la déplace, la décentre.

Un NON joyeux pour un OUI au Vivant.

La situation actuelle tant sanitaire qu'économique, politique ou financière nécessite l'apprentissage de ce NON qui ouvre une autre dimension dans la relation aux autres, à la nature, à la Vie. Mais ce NON n'est pas résistance au sens habituel du terme. Car résister dans notre langage moderne parle de tenir tête, de s'opposer. Alors que la racine de ce mot sistere en latin parle de s'arrêter, de se placer.

La résistance n'a de sens que si elle permet de se centrer, de prendre du recul, d'être en lien avec soi. Pas contre l'autre.

Un « Sacré retournement » !

Que faire de toutes mes années de lutte pour une médecine plus humaine, pour changer le système ? Contre mes confrères (sœurs), contre les experts en tout, les sachants mieux, les faiseurs de protocoles, les Ordres institués (on oublie trop souvent par qui et pour qui), les vendeurs de remèdes et les *Inventeurs de maladies*[1].

S'autoriser enfin à exprimer les émotions et les sentiments. Comme un besoin vital de déposer au fil des pages un passé encombrant. Mon Moi-Médecin drapé de jugements et de savoirs, de chagrins, de peurs et (difficile à avouer) du besoin de reconnaissance. Les années ont passé, vite, si vite, il est temps d'oser partager ce que j'ai

---

[1] Les Inventeurs de maladies. Jörg BLECH. Editions Actes Sud. 2005

reçu, observé, ni bien, ni mal, simplement et avec mes « tripes ».

Je vous propose le témoignage/décodage d'une femme médecin qui a eu la chance de pouvoir accompagner des personnes dans des situations aussi diverses qu'inattendues. Il est important, n'en déplaise au politiquement correct, de souligner mon appartenance au féminin. Dans un monde qui a oublié le féminin de l'être, le féminin et sa capacité réceptive nous offriront pourtant la créativité et les actions susceptibles d'ouvrir à nos enfants un futur lumineux[2].

Je dois aux lecteurs de préciser que je suis une femme de foi et cette foi a éclairé mes expériences de vie et mon exercice médical, que je n'ai jamais pu/voulu adhérer à quelque parti ou syndicat. Et bien entendu que je suis libre de tout conflit d'intérêt.

Pourtant j'ai négligé l'essentiel, je pensais être à l'origine de moi-même, de mes réussites comme de mes échecs. Je souhaitais combler le manque d'amour auprès des personnes que leurs souffrances amenaient vers moi. Je me pensais et pensais mes actions et j'oubliais que j'étais « mise en acte » par la Transcendance. Je luttais, je souffrais car j'étais parfaitement consciente que la médecine prenait une voie sans issue mais je voulais donner, soigner, convaincre, sans réaliser que je participais ainsi à la souffrance de mes frères humains. Je voulais sauver à tout

---

[2] La Physique du Futur Lumineux – Dialogue entre artisans d'une science plus humaine. Philippe Guillemant. Les éditions Trédaniel. Septembre 2023

prix. Et la facture a fini par m'être présentée. Comme elle est présentée maintenant à l'entièreté de notre société.

A la faveur de ce NON libérateur, je suis passée du Moi-Médecin au Sois-Médecin, de la volonté de faire à l'humilité d'être. Cet ouvrage est ma porte étroite. La Reine est nue. Enfin !

Ce livre est ma contribution à un monde que je sais être déjà là. Un monde où les soins du corps et de l'esprit vont résonner dans les cœurs et les entrailles. Résonner avec les êtres qui ont besoin d'être soulagés, soutenus, accompagnés, soignés. Et qui, peut-être, choisiront d'être guéris.

J'ai pensé à cet ouvrage longtemps et le théâtre tragi-comique de la Covid19 m'a enfin donné le courage de l'écrire. L'absurdité de la gestion de cette crise, la malhonnêteté intellectuelle et financière de nombreux confrères et de nos autorités, l'aveuglement des patients devant les incantations journalistiques ont fini par vaincre mes résistances pour décrypter la situation à la lumière de mes expériences. De témoigner pour proposer une autre façon de prendre soin, de gai-rire.

L'amour médecin est avant tout un chemin, mon chemin. Celui d'une femme faisant partie de la génération 68. Cette génération qui, forte de ses certitudes et de sa toute-puissance, a cru pouvoir se passer du Sacré. La science dans tous ses états nous donnait la Lune et nous sortirait de notre mortelle condition. Nous avons cueilli les fruits de l'arbre de la connaissance du bien et du mal sans travail intérieur et nous sommes aujourd'hui face à une mort beaucoup plus terrifiante que la fin de nos vies terrestres. La mort du Vivant au profit de l'avidité d'un petit nombre.

La volonté de marchandisation de tout le Vivant nous amène à une impasse. Celle que nous promettent les fous d'éternité, les contrôleurs de la mort que sont les transhumanistes. Ils font de la vie un objet à maîtriser et des êtres vivants des objets de consommation, de prédation.

Oui mais… la Vie heureusement ne s'en laisse pas conter depuis le temps que les humains se pensent tout puissants. C'est la « libération » d'un petit couronné maltraité dans un de ces labos construits à grand frais pour soi-disant imaginer tous les risques viraux et microbiens du futur, qui a permis d'enfin ouvrir les yeux sur des siècles de maltraitance du vivant en nous et autour de nous. Bref une « sacrée » chance.

Cet ouvrage à travers mon témoignage permettra peut-être à tous ceux et celles qui pensent encore que la médecine peut nous sauver, de réaliser que nous n'avons à nous sauver de rien mais qu'apprendre à « être en soin » de nous-même, de l'autre et de la nature n'a rien à voir avec le retour à un passé fantasmé même si nous avons à écouter la sagesse des anciens. Je ne sais pas si beaucoup d'entre nous ont vraiment envie de retourner au lavoir. Moi, c'est clairement et joyeusement NON. J'espère qu'à la lumière de ces quelques lignes, les failles de notre système pourront s'éclairer et illuminer un avenir désirable.

Alors Bienvenue dans le décryptage d'une vie de relations. Une vie de femme, médecin, tout simplement.

L'enfance de l'Art

Il était une fois...

Petit retour en arrière. Je suis née au début des années cinquante, je viens de fêter mes 70 ans. Mes parents tous deux très attachés au service public : mère professeur d'histoire et père militaire de carrière, trois sœurs plus jeunes. Depuis toujours, vivant ma petite enfance dans des pays en guerre (nous avons suivi les affectations de mon père), j'ai du mal à comprendre et à vivre la violence, la compétition et les jeux de pouvoir.

Pas facile d'être *fille aînée* comme m'appelle mon père. Je dois savoir vite et bien, avant d'avoir appris. Je dois être forte. Être un exemple pour mes trois sœurs etc. Bref une enfance plutôt solitaire, malgré ou à cause des ambiances souvent rock'n'roll et du fait de nos nombreux déménagements. Je me construis à chaud et à sable, avec un leitmotiv *il faut que je tienne* et son corollaire inévitable : « je n'y arriverai jamais » !

Je garde peu de souvenirs de ma scolarité. Probablement parce que j'ai dû être rééduquée pendant plusieurs années à me servir de la main droite. Gauchère était une tare à gommer le plus vite possible.

Pendant la guerre en Algérie, j'échappe par miracle à un attentat à la mitraillette en sortant de l'école. Je suis rapatriée deux années de suite en catastrophe chez mes grands-parents à Brest.

Tunis, Bizerte, Alger, Épinal, Caen et enfin Montpellier. J'ai 17 ans et je suis en 1ère S. J'ai quitté mon premier amoureux. Nous allons pouvoir poser les valises et ouvrir tous les cartons.

En octobre 1971 je « rentre en médecine » et … fais face aux violences contre le numerus clausus. Mon arrivée dans l'Amphi Giraud me laisse sans voix. Mille huit cents jeunes surexcités. Autant de rêves, de désirs, de volonté d'y arriver.

Et bien entendu, je redouble. À ma décharge je fais une primo-infection et je suis amoureuse. Deux « bonnes » raisons d'avoir la tête ailleurs. La seconde année je réussis le concours avec un classement très honorable.

En 3ème année, entrée à l'hôpital. Ma foi (ou mon illusion) en la médecine se heurte alors aux comportements des médecins, des soignants, et … des patients. Je veux arrêter mes études. Trop d'incompréhensions devant les jeux de pouvoir, les guéguerres entre personnel médical et personnel soignant, les aberrations administratives, les manipulations de l'industrie du médicament, la mauvaise foi de tous les acteurs de cette pièce digne de Molière. Il faut croire que l'univers a un projet pour moi puisque voulant me diriger vers le métier de sage-femme, j'arrive deux jours trop tard pour m'inscrire.

La venue au monde de mon premier enfant me donne l'énergie et le recul pour continuer. Mon mari est aussi étudiant en médecine. Et comme nous n'avons que peu de moyens, (un traitement d'externe permet à peine de manger tous les jours, merci à nos parents !), nous nous organisons pour nous occuper au mieux de notre premier né, je vais donc dans les services l'après-midi.

Ces moments de calme en tête à tête avec les entrées (malades entrant en hospitalisation) m'ouvrent les yeux et le cœur sur un monde extraordinaire : celui de la relation entre les patients et le bébé médecin que je suis.

Tout à coup, je suis seule face à la souffrance, sans les filtres de l'agitation des visites, des classements d'examens, de la présence des chefs. Je suis seule face à la peur, aux douleurs, aux paradoxes inhérents à tout être humain. Je ressens alors l'insoutenable solitude de la personne malade dans un système qui soigne des symptômes, des maladies mais oublie chaque jour un peu plus la dimension relationnelle, la dimension d'humanité. C'est alors que ma route se dessine. Je n'ai pas envie de m'occuper des corps, des examens, des traitements. J'ai envie de « cultiver » la relation et de découvrir les *Êtres en soin*.

En parallèle avec mes études, je suis aussi en classe de chant au Conservatoire de musique. Une bulle de bonheur, mon corps résonne. Leçon d'exigence, de persévérance. Enceinte de notre fils, j'obtiens le premier prix. Je suis face à un choix douloureux : partir au Conservatoire de Paris ou continuer mes études. La voie de la raison finit par l'emporter grâce à la sagesse de mon professeur de chant. Je reste en médecine et suis vite bien occupée par l'immense bonheur et le quotidien de la maternité puisque notre fille naît deux ans après son frère.

Cette passion de la relation me permet de passer toutes ces années en faisant ce que j'appelle des pas de côté avec colère et entêtement en refusant l'embrigadement, certaine que nous pourrions soigner sans violence.

Services de gastro-entérologie, de neurologie, de réanimation néo-natale, d'ophtalmologie, de chirurgie cardio-vasculaire et Orl pour ma dernière année. Spécialités différentes, positionnement toujours aussi incompréhensible par rapport à la personne malade.

Deux épisodes m'ont profondément marquée :

- Le premier dans le service de réanimation néo-natale.

J'accompagne le chef de clinique lors de sa contre-visite (visite moins protocolaire en fin de journée).

Je berce un nouveau-né, Jean Pierre, né handicapé. Peu à peu ses pleurs se calment. Jean Pierre a un cerveau qui a arrêté son développement lors de la 5ème semaine de vie intra-utérine. Il est aveugle, sourd et compte tenu de son atteinte ne pourra vivre que quelques semaines au mieux. Pour couronner le tout c'est un enfant né sous X. Le chef de clinique arrive à mes côtés, l'air soucieux. Sans faire le moindre geste vers Jean Pierre, il me regarde fixement et me demande quel examen pourrait mettre en évidence le sens du goût chez cet enfant. Malgré l'évidence du handicap, les examens plus ou moins invasifs (et donc douloureux) pour détecter la vision, la motricité, l'audition etc. se sont succédés depuis sa naissance. Sur un ton sarcastique je lui réponds qu'il faudrait mettre des électrodes dans sa langue pour détecter une différence de potentiel. Je suis sidérée quand, prenant ma « plaisanterie » au sérieux, ce médecin me remercie et me dit que c'est une idée géniale. Je finis par sortir de ma stupeur et je perds mon sang-froid :

— *Comment peux-tu envisager de faire souffrir ce môme sans défense ?*

— *Mais enfin c'est très important pour la recherche et puis il ne ressent rien, il ne souffre pas…*

— *Comment il ne souffre pas, tu vois bien qu'il pleurait et qu'il s'est calmé quand je l'ai pris dans les bras et que je l'ai bercé. Et de quelle recherche parles-tu ? À ce que je sache la greffe de cerveau n'est pas à l'ordre du jour !*

— *Tu ne comprends rien à la curiosité des recherches et puis ses pleurs n'étaient qu'un comportement réflexe.*

Les larmes aux yeux de rage et de chagrin pour Jean Pierre, je le repose doucement dans son berceau et tourne les talons. Je suis mère depuis quelques mois et comme me le dira un confrère de l'Ordre des médecins quelques années plus tard : *On devrait empêcher les femmes d'être médecins, elles sont trop sensibles…* No comment !

Inutile de vous préciser que j'ai compris ce jour-là que médecine et compassion n'avait rien à se dire pour certains de mes confrères.

À contrario en dernière année après être restée trois jours en psychiatrie (je me demande encore parfois de quel côté sont les fous !), je sollicite du patron d'ORL la possibilité de faire mon stage dans son service. Je deviens la petite main du Pr Yves Guerrier. Il traîne la réputation d'un homme exigeant et bourru. Mais quel clinicien. À ses côtés, j'ai le bonheur d'apprendre à faire correctement un examen clinique. Je tiens à lui rendre hommage car il fait partie des rares patrons qui m'ont permis de continuer à soigner sans être dégoûtée par le système et ses dérives.

Exercice

Étrange ce mot dans une profession de toute puissance, il indique pourtant que nous ne pouvons que développer peu à peu nos compétences, rien n'est jamais acquis.

Toujours en lien avec l'envie de relation et de communication, j'ai, en fin d'études, le culot de devenir technico-commerciale pour une entreprise de matériel médical. Quand je parle de culot peut-être était-ce de l'inconscience totale : aucune formation à la dimension commerciale juste l'envie de relever un défi et toujours la passion de la relation. Je remercie cette société qui non seulement a été confiante en mes quelques compétences mais m'a permis de faire les recherches (dans le sport de haut niveau) qui deviendront mon sujet de thèse.

Enfin la thèse !

Nous devons soutenir une thèse afin de pouvoir « être docteur ». Comme les docteurs en sciences, en philosophie etc. Ce titre n'est que l'aboutissement d'années d'étude, signature incertaine de ce qui est considéré comme un niveau de connaissances. Mais être docteur n'a rien à voir avec être médecin… ! Le terme de docteur n'est que la reconnaissance du plus haut grade universitaire. Il tient son origine de docere : enseigner. Médecin vient de médicus : apte à soigner. Médecin : Personne qui, titulaire du diplôme de docteur en médecine, exerce la médecine. La médecine étant définie comme l'ensemble des connaissances scientifiques et <u>des moyens de tous ordres</u> mis en œuvre pour la prévention, la guérison ou le soulagement des maladies, blessures ou infirmités. Vous constaterez qu'il n'est aucunement question d'une autorisation ordinale.

[Je souligne les moyens de tous ordres face à l'acharnement contre les thérapeutiques dites alternatives.]

La soutenance : un grand moment qui se termine par la déclamation du Serment d'Hippocrate. Les sujets de thèse sont aussi nombreux que farfelus. Comme celle de Luc Marty en 1945 sur « La chanson à l'internat des Hôpitaux de Montpellier ». Rien à voir avec les thèses des autres spécialités. La mienne rédigée en 3 semaines ne passera certainement pas à la postérité. Son sujet (Utilisation du laser à arséniure de gallium en médecine du sport) m'a permis de participer à la préparation des Jeux Olympiques de Los Angeles (1984) à Font Romeu.

[Je resterai pendant une grande partie de ma vie professionnelle en lien avec le sport de haut niveau (danse, karaté, football, GRS, natation, etc.) consciente que si les corps sont mis à rude épreuve et que certains ont la capacité à sublimer leurs souffrances, trop de sportifs de haut niveau ne sont considérés que lorsqu'ils (elles) peuvent rapporter beaucoup d'argent aux dirigeants. D'objets de distraction pour les foules, de rapports pour les grands clubs, ils deviennent bien vite encombrants et laissés pour compte. Riches pour une minorité, ignorés pour le plus grand nombre.]

Salle lambrissée, trois professeurs en toge bordée d'hermine, la famille et les amis. Cette solennité et ce décorum emballent mon cœur. Pourtant habituée à la scène et au placement de ma voix, je m'étrangle légèrement en prononçant le serment d'Hippocrate. Cette cérémonie ressemble fort à une grande messe. Pour autant je ne regrette aucunement cet engagement qui réglera mon exercice souvent au prix de difficultés avec mes pairs et les grands ordonnateurs.

Ma thèse en poche, je me forme à différents outils (sophrologie, analyse transactionnelle, gestalt, PNL, négociations ...) pour offrir aux patients un "lieu" complémentaire. Par complémentaire, j'entends un espace (physique et symbolique) qui les invite à *donner sens* à l'expérience de la maladie ou de leur mal être. Et je démarre un chemin personnel en psychothérapie. Avec comme objectif d'éviter de faire porter les "valises" familiales à mes enfants et bien entendu de neutraliser au maximum les projections sur les personnes que je soigne.

Une fois inscrite au tableau de l'ordre des médecins, une de mes enseignantes du diplôme universitaire d'algologie-sophrologie me propose une association.

Je m'installe avec elle en tant que médecin sophrologue et m'occupe de l'accompagnement des femmes enceintes et de leur accouchement. Chaque accouchement, malgré la médicalisation à outrance, est un moment de pur bonheur. Ce que j'ai pu comprendre lors des miens m'aident à accompagner les parturientes en essayant de mettre un peu de douceur dans un monde de brutes. Bref je suis le petit carré de chocolat qui remonte l'énergie.

Après une rupture houleuse de notre association au bout de trois ans, j'ouvre mon cabinet en tant que médecin psychothérapeute. Ces années furent passionnantes et modestement je sais avoir pu participer à l'éclosion des personnes qui m'honoraient de leur confiance. À tout le moins, je les écoutais et les accueillais avec amour, convaincue que les médicaments ne font pas seuls le travail, que la maladie « sensée » est signe de bonne santé et surtout que le malade n'est pas une victime dès lors qu'il peut mobiliser ses propres ressources.

Après ces 10 années intenses (beaucoup plus de 35h par semaine), je ressens le besoin de sortir du carcan du système maladie (de la Sécu et autres administrations dites de santé). Je crée fin 92, pour mes 40 ans, une entreprise de conseil et de formation. J'accompagne des entrepreneurs, des sportifs de haut niveau, des équipes, des services et établissements de soins. Je traverse la France de long en large.

À la faveur de l'accompagnement de la PDG (et consœur) d'une clinique, je rejoins l'association des Femmes Chefs d'Entreprises. Ces années, riches d'enseignements divers et de rencontres, ont tissé des liens amicaux et laissé une curiosité toujours présente pour les aspects sociaux-économiques. Je continue d'ailleurs de penser qu'il serait fort judicieux pour mes confrères de sortir de leur « cabinet ». (Il faut reconnaître que ce vocable est intéressant…)

Que ce soit dans le milieu du sport, les entreprises ou dans les hôpitaux, le pathologique (compétition, crises, difficultés sociales, conflits etc.), alimente sans cesse le mal-être … et les caisses de certains. La maladie individuelle n'est que le reflet d'une société malade à tous les niveaux : matériel, psychologique, émotionnel et surtout spirituel. J'ai pu en faire l'expérience dans l'association où le départ de la présidente a fait exploser les jeux de pouvoir et les jalousies.

Quelques années plus tard, en parallèle à ces activités, j'ai la proposition d'intervenir dans un établissement de soins pour mettre en place le fameux dispositif d'annonce et m'occuper des soins palliatifs. Le tandem que je forme avec le médecin interniste me donne l'opportunité de partager enfin ma vision de l'art médical malgré un accueil glacial de mes « chers » confrères oncologues et des cadres infirmiers (politiquement correct pour surveillantes). La découverte du travail d'équipe n'est pas de tout repos pour moi qui ai toujours fonctionné seule et en dehors des clous. Le partenariat avec mon binôme, la confiance en ses compétences et son humilité me réconcilient un peu avec la médecine "classique". Merci Albert.

Hélas ! les nouveaux propriétaires de l'établissement ruinent très vite nos espoirs de faire perdurer cet abord global des soins. Car le soin (pas les traitements ou les gestes techniques) est difficilement évaluable et donc chiffrable. Après des mois de mépris, harcèlements, maltraitances des patients, cette belle histoire se termine par un : *Nous ne savons pas à quoi vous servez… au revoir Madame*. Dont acte !

Conséquence logique : effondrement, burn-out suivi d'un cancer ! Je prends ma retraite et déménage. Rupture totale, brutale et profondément douloureuse.

L'épreuve de la maladie a cristallisé frustrations et humiliations et donné l'en-Vie de la mise en mots. Une sorte de catharsis au sens grec du terme : purification, séparation du bon et du mauvais. Écrire permet ce travail intérieur qui peu à peu épure le trait et apaise les émotions.

En démarrant cet ouvrage je découvre la racine étymologique du mot médecin : Med : la mesure et l'ordre. Pas l'ordre que l'on maintient mais celui qui priorise, qui pose avec mesure des limites, qui permet de rester joyeux, motivé, debout. En un mot : vivant. C'est-à-dire une médecine qui accueille l'inconnu, l'impondérable et surtout le tragique.

Tous les technocrates, qui croient mieux penser que les soignants ou les patients, ont oublié que la médecine n'est pas une science mais un art. Cela est d'ailleurs vrai dans de nombreux métiers. Notre maître Rabelais nous a pourtant prévenus : *Science sans conscience n'est que ruine de l'âme*. Nous avons les connaissances et les techniques pour bien soigner et se soigner, pour rester en santé... et nous avons déserté la mesure et l'ordre. Nous sortons les armes lourdes, dépensons des milliards pour des résultats médiocres. Nous vivons plus vieux mais malades. (Enfin avant l'accélération de la catastrophe sanitaire orchestrée avec minutie depuis les années 80)

Comment remettre ordre et mesure dans nos priorités ?

Ma conscience, depuis toujours, d'un « plus grand que nous et que nous sommes aussi » a balisé mon trajet. C'est cette notion sacrée dans le sens le plus large que nous invitons dans la relation de soin par l'intermédiation de l'amour. Nous, soignants, humains, avons oublié (au mieux), nié (au pire) que la transcendance éclaire notre chemin de Vie. Nous avons remplacé la transcendance par le transhumanisme et tous les trans. Nous avons perdu le désir d'être au profit de la volonté d'avoir.

Corps soignant

C'est moins l'absence de moyens intellectuels et techniques qui fait obstacle à la transformation de notre manière de penser et d'agir que l'énorme poids des traditions et des tabous, des idées acquises et des dogmes intouchables… Ils ont été transmis comme des vérités inaltérables de génération en génération
Paul Watzlawick

Qu'est-ce qu'un soignant ?

Qu'est-ce qu'un soignant quand on débarque à 21 ans dans un service et que l'on se retrouve seul(e) face aux patients ? Je réalise, très vite après mon entrée en médecine, avoir idéalisé cette fonction. Un mix entre Mère Térésa et Albert Schweitzer avec une petite touche de Charles de Foucaud.

Bref une fonction de sacrifice, de mise en sommeil de mes désirs, besoins et vie privée au profit de « Mes » patients. Vous riez certainement de ma naïveté ? Et pourtant combien de soignants se sentent victimes du fait qu'ils ne veulent/peuvent pas abandonner les malades. La douleur des soignants suspendus n'est pas uniquement due à la privation de salaire. Elle est le reflet d'une culpabilité de ne plus pouvoir s'occuper des patients. Un sentiment qui cristallise la rage d'années de frustrations devant l'effondrement progressif de l'humanité dans les soins.

Tous les professionnels du soin connaissent la blague : sois-niant et sois-nié. Et même d'un goût douteux, elle est souvent très juste. Les soignants, bien formatés par le système, mal formés à l'abord relationnel nient trop souvent la personne au profit de la maladie, particulièrement le corps médical. Ils nient aussi leurs besoins. J'ai vu passer une pancarte dans une manifestation qui signalait : *les soignants eux aussi ont besoin d'aller pisser*. Ce n'est pas une métaphore mais le réel de nos journées.

Depuis le début de mes études, je me pose la question sur la différence entre « l'être soignant » et le faire des soins. J'ai eu le sentiment très tôt que l'être soignant est une simple facette de notre humanité, rien d'exceptionnel même si nous l'oublions trop souvent. Même les animaux, la nature savent soigner et se soigner. Le soin n'est donc pas une "spécialité" réservée aux professionnels.

C'est un « état d'être en lien ».

Comment expliquer alors ce besoin de *consacrer* sa vie professionnelle à faire des soins ? Pour ma part, outre un certain besoin de reconnaissance maternelle, je voulais soulager La souffrance. Pas les souffrances mais bien La souffrance que j'avais trop tôt côtoyée. Quelle souffrance ? Celle qui n'était que le reflet de la mienne. Voilà le paradoxe des soignants : soigner pour se soigner. Vouloir soulager l'autre pour se soulager, réparer pour se réparer. Ce n'est pas un scoop mais ce paradoxe entretient une vision faussée du soin par les projections inconscientes et les émotions de culpabilité (*je ne fais jamais assez*), de frustration (*je n'ai pas les moyens de*), de retrait (*de toute façon ça ne sert à rien de se sacrifier*) etc.

Chaque soignant va attendre du système, de ses collègues, des patients, une preuve qu'il a bien soigné, bien sauvé pour se sentir enfin, un fugace instant, libéré de sa propre souffrance. Si vous lisez les commentaires de soignants sur les réseaux sociaux, ou les revendications lors des mouvements de grève, vous comprenez alors l'immense besoin de reconnaissance de ce corps en/de souffrance. "*Blouses blanches, colère noire ! Nous pensons aux autres mais qui pensent à nous ! Les princesses n'ont pas besoin d'être sauvées, l'hôpital si !*" Etc.

Le système technocratique l'a bien compris et manipule sans état d'âme les émotions de frustration, de colère, de peur que peuvent ressentir les soignants. Oui, nous sommes trop souvent niant, pas seulement de l'autre mais de nous-mêmes. Ce qui rend plus pitoyable encore la manipulation de 2020 consistant à faire applaudir les soignants.

Une histoire de fantômes

Dès le début de nos études et plus encore chez les soignants non médecins, nous devons apprendre à poser la **juste distance**. La fameuse distance thérapeutique.

J'ai mis longtemps à essayer de comprendre en quoi consistait cette distance thérapeutique qu'on me balançait à la tête dès que je disais être touchée par l'histoire d'un patient et ses émotions. Cette distance nous est présentée comme une sorte de barrière à construire pour se protéger des émotions du malade. Elle aurait pour effet de nous éloigner dans une intention, a priori louable, de protection et tient à la croyance que lorsqu'on est empathique, on se laisse embarquer par le patient et on perd notre objectivité.[3]

Qu'est-ce qu'être objectif ? Et objectif par rapport à quoi ou à qui ? Objectif : qui vient de l'objet, c'est-à-dire conforme à la réalité. La réalité de la maladie, celle de la personne, celle du système, celle de la Vie ? Vous pouvez comprendre que l'objectivité stricto sensu ne peut exister dans un art, une praxis qui laisse place à la relation et à l'humain. Même les électrons se comportent différemment lorsqu'ils sont observés. L'objectivité réclamée à cor et à cris par les tenants du « Scientisme », pour preuve l'hystérisation de l'Evidence Based Medicine (médecine fondée sur la preuve) face au Covid, est une illusion qui rend la médecine « malveillante » au propre comme au figuré.

L'empathie est la capacité à considérer la personne dans sa totalité (et non pas seulement *sa* maladie et les symptômes). Elle est indispensable pour être en confiance avec la personne que nous soignons. En quoi la considération, au sens fort du terme, être considéré et non avoir de la considération, empêcherait-elle l'objectivité, c'est-à-dire la capacité de mobiliser nos compétences au service de la personne malade ?

J'étais heureuse d'avoir une centaine de kilomètres à faire pour rentrer chez moi en sortant du service de soins palliatifs. Là était la distance concrète qui me laissait le temps de me retrouver, de me recentrer. Lorsque j'étais

---

[3] A ce propos je ne peux que regarder avec un œil dubitatif notre président proposer des cours d'empathie. NDA

installée à mon domicile, la distance était plus difficile à mettre mais les instants de partage avec les enfants, un petit moment de relaxation, de sophrologie, un câlin avec mon chat ou mon chien permettaient de me regrouper.

Comment être thérapeute sans être en résonnance avec l'autre. Résonner ne veut absolument pas dire être lui. Nous pouvons voir et sentir sa souffrance, la comprendre et pour autant savoir que nous ne sommes pas lui (elle), que nous avons les compétences pour éventuellement apaiser, alléger et soulager cette souffrance même si nous ne pouvons pas la prendre sur(en) nous. La mode de la télémédecine va de toute façon reléguer les pratiques empathiques et relationnelles au fin fond de nos greniers mémoriels.

En tant qu'être humain, je peux entrer en résonnance avec la souffrance d'un autre être (humain, animal, végétal). Elle vient ouvrir une porte émotionnelle que je ne connaissais pas. Ce qui veut dire que j'accepte de me laisser surprendre par l'inattendu, l'inconnu de moi-même que l'autre me présente.

Serge Hefez, psychiatre et psychanalyste, nous donne un éclairage étonnant : *Je souhaiterais porter ici ma réflexion sur "l'être thérapeute", soit ce qui permet dans notre pratique, et ce, quelles que soient nos techniques et nos bagages théoriques, d'héberger pour un temps les fantômes de nos patients afin de les déloger de leur caverne. Pour tous les thérapeutes "traditionnels", ceux pour qui la présence des esprits, des ancêtres, des démons et des sorts fait partie des bagages culturels, l'influence d'un esprit sur un autre esprit relève de la plus élémentaire évidence.*

Ne sommes-nous pas des thérapeutes que nous soyons médecins, infirmiers(ères), aides-soignants, kinés, psys etc. ? Peu d'entre nous sont conscients d'héberger les « fantômes » de nos patients et prêts à regarder les nôtres. Beaucoup de monde entre le thérapeute et le patient. Que l'on parle de transfert et contre-transfert, de projections … ou de fantômes, tout concoure à distordre la qualité et surtout l'efficacité de la relation et/ou de la communication si nous n'accueillons pas nos fantômes respectifs.

On a donc transformé ce qui est de l'ordre de la conscience en mécanisme défensif (la distance thérapeutique) sous l'influence de Freud qui se méfiait du contre-transfert dans un souci de scientisme (déjà !). Sauf que cette notion de distance thérapeutique n'a rien à voir avec « se mettre à distance des affects » qu'ils soient ceux du patient ou les nôtres. Dans les formations que j'animais, je parlais plutôt **d'espace thérapeutique**, comme les canadiens. Il s'agit bien d'un espace tant au sens matériel qu'émotionnel et vibratoire. La dimension du soin, demande un juste équilibre entre ce que nous savons et ce que nous sentons. La raison ne s'attache qu'à ce que nous savons, ce qui est prouvé, concret, mesurable, mémorisé. Pour se rassurer.

Le ressenti permet l'empathie c'est-à-dire la connexion plus profonde en soi et avec les autres. C'est alors que nous parlons de co-naissances plutôt que de savoirs.

« Pour le médecin, la maladie est une énigme à résoudre, un fait pathologique dont il doit étudier les causes, les mécanismes et le déroulement afin de le traiter. Mais la maladie demeure extérieure à lui, elle reste objective et lui pose surtout des problèmes d'ordre intellectuel.

Pour le malade, au contraire, la maladie est un drame vécu, qui bouleverse sa vie dans ses affections et ses intérêts. Elle lui est essentiellement subjective et lui pose un problème d'ordre affectif et personnel.

De cette différence de points de vue risquent de naître toutes les méconnaissances et tous les reproches. C'est au médecin qu'il appartient de tout faire pour résoudre l'antinomie, moins par sa science que par son cœur, sa patience et sa compassion ».[4]

L'objectivité parfaite n'existe pas. Nous avons, nous aussi soignants, nos peurs, nos projections, nos dénégations. Alors au nom de cette objectivité impossible, et même nocive, nous ne voulons plus nous mettre en résonnance avec l'autre.

Le résultat est catastrophique tant pour le corps soignant que pour la personne malade. À force de raison, toujours alimentée par la peur, peur de l'échec, peur de ne pas faire ce qu'il faut, peur du regard de nos pairs, peur de la judiciarisation etc., nous avons laissé s'installer un système sans âme qui se protège derrière les protocoles et autres préconisations. Cela est particulièrement délétère dans le traitement des maladies chroniques. Car l'espace thérapeutique permet d'accueillir les limites, les faiblesses. Les nôtres et celles des autres. Trop souvent niées ou négligées par les personnes et encore plus par les soignants. Pourtant Hanna Arendt nous dit : « *La vie d'un homme libre requiert la présence d'autrui.* »

---

[4] Pr Bariety. [4]https://www.revuedesdeuxmondes.fr/wp-content/uploads/2016/11/876660d3f61f8c62dceaed491480f8d4.pdf

On parle de l'intelligence du cœur, c'est effectivement le cœur qui est le chef d'orchestre permettant l'harmonie dans une relation. Le cœur qui à chaque instant, avec chacune de ses cellules, nous fait vivre, vibrer. Ce cœur que l'on voit battre avant même la formation du cerveau, ce cœur qui réagit avant les neurones.

La clé qui permet d'ouvrir son cœur réside dans notre capacité de présence et d'accueil, simplement. Sensation d'une harmonie intérieure et avec l'autre, une vibration commune. L'amour est souvent confondu, surtout dans les soins et a fortiori quand il s'agit des fins de vie, avec l'affectivité et la sensiblerie. Ces sentiments n'ont rien à voir avec l'amour mais avec les projections de nos peurs face aux souffrances de l'autre.

C'est une des choses que la faculté se devrait d'apprendre aux étudiants. La notion d'empathie est inhérente à l'amour, agapè, pas à la sensiblerie. Nous avons voulu raisonner sur la mort, la souffrance et nous avons réussi à les mettre à l'écart du courant de la vie, les malades et les fins de vie à l'hosto, ailleurs que chez elles et les funérariums dans de jolis parcs bien loin des centres villes. Nous avons déshumanisé la Vie. Car ce n'est pas seulement l'approche de la mort qui est impactée par ce rejet mais de fait toute l'énergie, la vibration de la vie. Nous nions le vivant pour survivre enveloppés dans la peur de perdre, de manquer, de souffrir. Et quand la maladie ou la souffrance nous rattrape, nous sommes non seulement démunis mais nous nous sentons victimes d'une injustice.

Sus-pendus

À propos de fantômes, comment écrire sur les soignants, médecins compris, sans parler de toutes celles et ceux qui ont été brutalement éjectés par refus d'une injection. Peut-on seulement imaginer l'extrême violence faite aux personnes et aux corps. L'effondrement d'une valeur essentielle : la liberté du choix de ce que nous faisons pour **Notre** santé. Ce traitement ignoble de nos collègues (médecins, soignants de tous ordres, pompiers) met aussi en évidence le peu de confraternité entre nous.

En regardant le film : *Suspendus, des soignants entre deux mondes* de Fabien Moine, je retrouve avec désolation ce que j'ai vécu lors de l'éviction de mon service. Un message, un vendredi soir me sommant de ne plus mettre les pieds dans l'établissement. En une fraction de seconde l'effondrement d'un monde et de ce que j'ai pensé à l'époque, de ma vie. Ma vie de service et de soins. J'ai toujours fait passer, à tort ou à raison, ma praxis avant les autres dimensions de ma vie et je ne suis pas la seule loin de là. Tout à coup, pour des raisons purement financières je me retrouve inutile, bannie. Ce n'était pas seulement une sensation mais ce qui m'a été clairement dit par le directeur de l'établissement, avocat fiscaliste… !

Je ne voulais pas revenir sur cet épisode de ma vie sauf que, entre 15 000 à 50 000 soignants, se retrouvent « inutiles » et vivent exactement ce que j'ai vécu. Ne pensez surtout pas que je me sente victime d'une injustice. Ma pratique dérangeait mes confrères (sœurs) et de nombreux soignants. Pas assez "protocolaire". Bref comme pour vous, Sus-pendus, pas assez soumise. Et surtout pas assez conforme.

En écoutant les témoignages des médecins dans ce documentaire j'ai retrouvé, hélas, les sentiments de trahison et d'abandon que j'ai pu vivre lors de cette épreuve.

Les « foules en délire » ont applaudi les soignants tous les soirs à 20h. Que reste-t-il de cette hystérie, par ailleurs totalement déplacée, puisque nous ne faisions que notre travail, et à ce que je sache aucun soignant n'a été applaudi lors de l'épidémie de HIV ou d'Ébola.

Nos egos chéris ont envie de la reconnaissance de la société mais comme il est facile d'applaudir un soir pour hurler le lendemain devant les retards de prise en soin aux urgences.

Nous ne sommes ni des objets, ni des personnes morales (au sens juridique du terme), nous sommes des êtres humains avec nos limites, nos vulnérabilités, nos peurs et nos envies et notre santé demande que nous ayons le discernement nécessaire pour savoir ce qui nous convient ou pas.

Perfusés au discours sur l'individualisme et l'autonomie, nous pensons avoir fait le choix de notre métier et ce choix fait partie de qui nous sommes. Nos pratiques en sont donc aussi le reflet. Les soignants suspendus, que tant de nos concitoyens stigmatisent, n'ont pas fait un choix si coûteux (et c'est le moins que l'on puisse dire) par rébellion ou inconscience mais pour eux bien sûr et pour montrer aussi aux patients ce qu'ils considèrent comme une atteinte à la santé.

Ils ont dit <u>Non pour</u> eux et les autres. Et Oui au Vivant en dépassant la peur.

Nous avons choisi un métier exigeant physiquement et psychologiquement. Mais nous n'avons pas choisi le mépris, la trahison et l'abandon de la part de nos confrères, collègues et de nos instances ordinales.

Je peux accepter les réactions d'incompréhension de la population en général. Je n'arrive pas accepter la trahison et l'abandon des autres soignants par indifférence et/ou lâcheté. Faut-il que les liens humains se soient distendus pour en arriver là ! Tous les beaux discours sur la solidarité, le partage etc. n'ont aucun écho dans une société égotique.

Mais ce que nos autorités de "tutelle" ne réalisent pas encore, c'est l'immense espérance que ces trahisons ont levée dans le cœur des soignants suspendus et de nombreux patients. Celui d'une autre façon de dire, de faire et de vivre le soin. Le NON à une forme de dictature, qui peu à peu a grignoté l'envie de soigner au profit de contraintes techniques, administratives et financières, nous donne un espace de liberté pour organiser d'autres formes de prises en soin.

Nous ne jouons plus, nous sommes debout « quoi qu'il en coûte » Messieurs les censeurs.

Violences

La « révélation » de la violence faite aux personnels suspendus nous met face à un tabou majeur du monde des soins : La violence.

C'est à Bichat que nous devons la définition de la vie qui a ouvert le champ de la médecine à une extrême violence : *la vie est l'ensemble des fonctions qui résistent à la mort*[5]. La vie est orientée vers **une lutte à mort.** La vie devient un combat contre la mort et la médecine en est le chevalier sans peur et sans reproche.

Cette violence, ressentie dès la première année d'étude, et ma peur face à elle, a été déterminante dans ma décision de m'occuper de la dimension relationnelle.

Nous n'en parlons pratiquement jamais sauf lorsqu'il s'agit de la violence institutionnelle. J'ai encore le souvenir de ma première intraveineuse. Accompagnée d'une infirmière parfaitement consciente et compatissante devant la difficulté que je pouvais ressentir de faire ce geste qui va percer la peau, faire mal. Et une patiente, à qui je confie mon inexpérience, qui m'encourage par un : *Ne vous inquiétez pas je ne suis pas douillette, c'est juste un mauvais moment à passer.* Merci à elle et à l'infirmière pour leur générosité de cœur... Oui, c'est un mauvais moment à passer y compris pour moi. Et même si le geste devient banal,

---

[5] Recherches physiologiques sur la vie et la mort. Marie François Xavier Bichat.

souvent automatique, parfois justifié, je n'ai pas pu oublier mon ressenti.

Les gestes des soins font mal, mais plus encore, lorsque la conscience n'est pas au rendez-vous, **le soin violente.** Mais personne ne veut le reconnaître et a fortiori chercher des solutions pour cesser (au mieux), diminuer (au pire), ces violences. Au contraire, au fur et à mesure de la technicisation, la violence et les maltraitances augmentent. Combien d'injections ou de prise de sang inutiles, pour rassurer le soignant (ou le patient), appliquer les protocoles… Ce matin un ami vient me donner des nouvelles de sa compagne, opérée d'un cancer de la vessie. Outre la violence d'un réveil avec une poche abouchée à la peau (stomie) et les douleurs physiques et psychologiques, hier, elle est restée à jeun plus de 12h attendant le « bon vouloir » des personnes en charge du retrait d'un PICC Line (cathéter veineux central) et a subi une anesthésie locale (on peut se demander la raison du jeûne) et poireauté toute la journée. Pour l'avoir vécu, la manipulation est pourtant simple. Quelle accumulation de maltraitances !

Tout est violent dans notre rapport à la maladie. Le langage tout d'abord : on éradique, on lutte, on se bat, on terrasse. Plus la maladie est potentiellement mortelle, plus les expressions sont guerrières. Les patients qui guérissent deviennent des héros (ordinaires !). Les médecins « sauvent » la vie et les infirmières sont toutes dévouées. Tout n'est qu'exagération, théâtralité, hystérisation. Nous dramatisons pour effacer le tragique de nos existences : la mort.

Les soins sont donc violents : injections, abrasions, exérèse. La peau, cet organe protecteur est effractée sans mesure. Les bras sont piqués parfois plusieurs fois par jour, les pansements font mal. Même les aides apportées pour les besoins basiques : toilettes, bassin, sont la plupart du temps soumis à la violence du « temps comptable ».

Certes on essaie de calmer les douleurs, de sédater les réfractaires, pardon les souffrances réfractaires. Mais cela ne retire en rien la violence du soin lui-même. Et que dire de la lutte contre des douleurs qui sont devenues le grand thème à la mode avec les dérives que l'on connaît notamment à travers les procès aux USA contre les entreprises pharmaceutiques qui ont poussé à la consommation d'opioïdes. Sans états d'âme et malgré une amende de 600 millions de dollars, le laboratoire Purdue continue son lobbying. Tout le monde sait bien que là où il y a d'la gêne, y'a pas d'gros bénéfices !

Les pires sont les violences psychiques : les annonces entre deux portes le vendredi soir, les humiliations permanentes, les attentes interminables dans les salles d'attente, les plateaux posés devant des patients incapables de couper leur viande ou de manger seuls, les sonnettes sans réponse... La violence des soignants répond en écho à la violence de cette lutte contre la mort, des soins et des institutions. Avec comme résultat celle des patients.

Le summum des violences restant celles des institutions. La crise « sanitaire » du Covid en est un dévoilement hallucinant. Mais ces violences ne datent pas de ces trois dernières années.

Toute institution porte en elle les germes de la violence : besoin de reconnaissance, volonté de pouvoir des petits chefs, harcèlement, règlements absurdes et/ou inadaptés.

Pour Dom Helder Camara, il y a trois sortes de violences :

« *La première, mère de toutes les autres, est la violence institutionnelle, celle qui légalise et perpétue les dominations, les oppressions et les exploitations, celle qui écrase et lamine des millions d'hommes dans ses rouages silencieux et bien huilés.*

La seconde est la violence révolutionnaire, qui naît de la volonté d'abolir la première.

La troisième est la violence répressive, qui a pour objet d'étouffer la seconde en se faisant l'auxiliaire et la complice de la première violence, celle qui engendre toutes les autres.

Il n'y a pas de pire hypocrisie de n'appeler violence que la seconde, en feignant d'oublier la première, qui la fait naître, et la troisième qui la tue. »[6]

Effrayante analyse qui reflète exactement les violences actuelles. Violences des techno-administratifs qui imposent au corps soignant leur vision financière, violence de certains soignants et patients face (ou en accord) à ces absurdités et pour terminer… des chars dans les rues.

Une illustration sans concession de la violence institutionnelle dans les soins nous est donnée dans un spectacle musical : *Violences et suicides en médecine. Urgences*

---

[6] Don Helder Camara, évêque de Recife de 1964 à 1985. Il n'y a pas de référence concernant cette citation probablement prononcée lors d'un discours mais elle est conforme à la pensée de Don Camara que l'on peut retrouver dans ces deux ouvrages : Spirale de la violence DDB, Paris, 1970 et Révolution dans la paix Le Seuil, Paris, 1970

chroniques par Elie Hegen. Cette petite vidéo nous montre à quel point la profession médicale est sous stress. Comment mieux démontrer la violence subie par les étudiants, médecins, soignants et surtout le **déni sévère de vulnérabilité**. Nous y reviendrons.

Sans oublier les violences sexistes que nous, femmes, subissons dans les services de la part de nos homologues masculins.

Un médecin radiologue échauffé par mon décolleté pourtant bien discret, approche sa main. Les confrères présents (hommes et femmes) ricanent. Interloquée, je prends le parti d'éclater de rire en lui disant que c'est comme dans la pub *ceux qui en parlent le plus en mangent le moins* ! Pirouette humoristique (je connaissais sa femme) et j'avais un recul suffisant mais combien de mes consœurs soignantes ont-elles subi ces violences inacceptables. Si vous pensez que le mouvement MeToo a changé la donne, vous vous trompez. Moins de blagues salaces certes mais plus de harcèlement moral, ou d'humiliations, contre homme ou femme d'ailleurs. Certes les salles de garde avec leurs fresques et leurs orgies ne prêchaient pas pour le respect de l'humain. Et pourtant dans leurs outrances, leurs caricatures, elles avaient l'immense avantage de servir d'exutoire à la violence des soins, de la souffrance et de la mort. Sous la pression des bien-pensants, partisans de la pureté et de la bienséance, elles ont laissé toute la place aux humiliations et aux harcèlements. Sans parler des bizutages des 1ères années, tristes et dangereuses copies des délires universitaires états-uniens. La violence alimentée par l'immense vulnérabilité des soignants, voilée pudiquement par la toute-puissance de celles et ceux « qui sauvent » est une donnée fondamentale de l'effondrement du système de soins. Comment cette toute-puissance pouvait-elle imaginer la patiente désintégration mise en place par les instances. Rien ne pouvait atteindre les soignants, ne sommes-nous pas indispensables à « la santé » du monde ? Nous pouvons maintenant prendre la mesure des dégâts de cet ego surdimensionné.

Le discours ambiant très politiquement correct veut supprimer les institutions sous le prétexte justement des déviances dont elles ont fait preuve. Il n'est question que de politique inclusive. Faire sortir les malades au plus vite, qu'il s'agisse de maladies physiques ou psychiques. Que de compassion exprimée tant par les instances internationales que par nos politiques nationaux. "*Le néo-libéralisme peut donner l'illusion de s'inscrire dans un discours social. Les institutions internationales (FMI, OCDE ou Banque Mondiale) utilisent un terme précis pour donner cette apparence sociale : celui de la croissance "inclusive". Mais ce terme dit clairement qu'il ne s'agit là que de fournir à l'individu la capacité d'entrer sur les marchés et d'y être concurrentiel. Rien de plus. Avec l'idée que, en favorisant la marchandisation de la société, on favorise l'égalité de tous devant les marchés*". Romaric Godin, *La guerre sociale en France*.

Et oui cet apparent souci des « personnes en situation de fragilité » n'a qu'un seul objectif : débarrasser la société du poids des inutiles.

Rabbia

Mettre en évidence les violences des et dans les soins demande aussi d'analyser une composante essentielle de la dynamique soignante : La COLERE.

Qu'est-ce que la colère ? Une simple réaction à quelque chose que nous percevons comme mauvais. Elle fait donc, en principe, suite à une douleur, à une blessure, à une privation, à une honte, à une humiliation, ou encore à une peur (notamment de la perte d'un objet d'amour). Bref face à ce que nous ressentons comme un envahissement, un possible danger, une limitation de notre liberté, les tensions s'accumulent pour finir par exploser. Cette colère est sœur du sentiment d'être victime de ce qui nous arrive.

Notre civilisation réprime la colère. Nous n'oublions jamais que nous avons été un jour ou l'autre taxé d'enfant capricieux. Alors nous râlons, nous sabotons, nous avons peur d'être rejetés jusqu'au jour où… nous explosons. Souvent en dehors du contexte et de façon disproportionnée. La colère quand elle est une sorte de « mode » de comportement, souvent taxée de *rébellion*, est aussi le meilleur moyen que la part « du nous traumatisée » a mis en place pour survivre et se doit d'être accueillie sans jugement. Ce type de colère est souvent explosive et chez les enfants nous allons les diagnostiquer TDHA ou zèbre (à quand le chacal ou l'hyène… quoique le paysage politico-médiatique nous présente les pires prédateurs).

Dans le monde des soins les raisons de la colère augmentent à chaque instant, du côté des soignants comme des patients.

Plus nous accumulons, plus le risque est grand pour nous d'abord et pour les autres ensuite. Le métier de soignant est un métier violent, nous l'avons vu, et donc traumatisant Pas facile de repérer en quoi le monde, ici et maintenant, n'est pas assez bon pour soi, pas assez compatissant, et ensuite, mettre en route des conduites destinées à influencer ce monde qui nous entoure afin qu'il redevienne meilleur et plus aimant. Je n'ai pas su, voulu regarder mon manque d'humilité. Le fait de n'être pas la seule n'enlève rien aux dégâts collatéraux.

La colère peut-elle cohabiter avec l'amour ? Mon expérience me montre que cela est possible. La seule condition est de sortir du NON contre - l'autre, les situations injustes ou malheureuses, la vie, …Dieu. Réaliser que je peux dire NON pour moi ou plutôt pour l'être que je suis, m'a sortie de la stérilité de la colère et de l'épuisement. Je ne suis plus victime des circonstances et je peux prendre la <u>responsabilité de mes choix pertinents ou pas, sans jugement</u>.

Car la colère est aussi preuve d'amour, l'amour qui veut le plus beau, le plus joyeux, le plus doux pour soi, les autres, l'humanité. La colère qui me reste encore est plus proche de l'indignation et de l'incompréhension. Comment peut-on être tellement inconscients face aux mensonges, au mépris des autres. Cette colère a une dimension universelle, une dimension d'humanité. Et elle peut être agissante, responsable, engagée. En amour. Elle ne rejette pas, elle s'appuie sur la dynamique du Vivant pour mettre en acte ce qui nous anime vraiment. Ces actes ne sont pas mus pas la peur ou le manque mais simplement par une impérieuse nécessité « d'être qui nous sommes ». C'est être en amour avec ce qui est, maintenant, non pas l'amour du passé, la nostalgie de ce qui a été ou pourrait être.

Certain(e)s se moquent en me disant que je ne suis pas un sauveur, qu'on ne peut pas faire pour les autres, que de toute façon je ne suis pas meilleure, que je ne descends pas dans la rue etc. Tout cela est vrai mais je sais mieux maintenant qui je suis : une femme qui depuis son enfance regarde effarée le gâchis humain et qui a réalisé à grands coups sur la tête que le changement commence par… ma petite personne.

Les soignants sont en colère et, encore dans leur grande majorité, incapables de la ressentir clairement. Ils (elles) sont en colère d'être in-considérés. Depuis des années nos métiers sont sans cesse critiqués. Nous sommes malmenés par les tutelles, les médias et peu à peu nous avons laissé la culpabilité nous envahir. Coupables de ne pas faire assez, de ne pas être comme « il faut », de ne pas guérir tout et toujours, coupables de vouloir gagner correctement notre vie… Et le résultat ne s'est pas fait attendre : nous avons peu à peu pris le statut de victime et nous avons rompu la relation avec les patients. Nous avons laissé l'Ordre et nos représentants syndicaux nous vendre à l'État. Oui vous avez bien lu : nous vendre !

Ce que nous vivons depuis ces dernières années face au coronavirus n'est que la concrétisation de décennies de lâchetés quotidiennes, de manque de formation, de pressions en tout genre. Comment s'étonner que les jeunes médecins, infirmiers, kinés etc. se soient peu à peu éloignés du contact singulier avec les personnes malades. Ils nous ont vus nous retirer de nous-mêmes, nous les « anciens ». Lâcher la conscience de notre valeur, valeur humaine et valeur de notre travail. C'est aux médecins de ma génération que je m'adresse, comme d'ailleurs à toute la génération des retraités actuels. Cette génération qui a le luxe de ne plus avoir à prouver quoi que ce soit, peut maintenant se mettre debout pour aider les plus jeunes. Mais nous nous sommes retirés de la place qui est la nôtre dans la société, celle du soin et du compagnonnage avec les plus jeunes. Comment prendre correctement soin des autres, de l'Autre quand nous n'avons pas su prendre soin de nous ? Comment regarder en face le patient quand nous ne sommes plus capables de nous regarder en face ? Nous avons démissionné !

Démissionné de notre fonction principale : la justesse et l'équité dans le soin. La justesse dans nos diagnostics, nos traitements, nos relations avec les patients, la formation des plus jeunes. Le résultat, sous nos yeux effarés, en tant que personnes humaines, est affligeant. Une épidémie soi-disant incontrôlable, des mensonges éhontés, des refus de soins par peur de sanctions des hautes instances, l'application de protocoles décidés par des « chefs » gavés par Big Pharma. Pire que tout, des patients désorientés, terrorisés prêts à tout pour retrouver leur « vie d'avant » comme si à la faveur de cette crise nous avions fait un zoom avant et que tous les maux de notre société se retrouvent grossis des millions de fois. La pénurie organisée des services de soins, le formatage des étudiants autour de protocoles validés par Bruxelles sous l'influence des lobbies pharmaceutiques, et plus que tout, <u>la peur de vivre par peur de mourir</u>… Ce besoin de retour à la vie d'avant n'est que le symptôme d'une fuite vers la distraction. Vite, vite, pouvoir de nouveau « avoir la liberté ».

La liberté « d'avoir », plus, mieux, moins cher etc. Pas la liberté « d'être ». Ce qui cache ce besoin de liberté est avant tout un besoin fondamental de liens. Un besoin de légèreté, d'insouciance. Le coronavirus est le révélateur d'une société qui a oublié l'être au profit de l'avoir. Et surtout que la conscience d'être est liée à la conscience de notre finitude. Comment se sentir vivant si nous ne savions pas au plus profond de nous qu'un jour cette vie se terminera ? Je dis bien cette vie pas la Vie. Car la Vie, elle, est liée à la transcendance. Alors à défaut d'être En-Vie nous sommes en-colérés pour nous sentir encore parfois en émotion, donc en mouvement. Mais pour retrouver l'En-vie encore faut-il reconnaître notre vulnérabilité, nous médecins, soignants et humains.

Tous vulnérables

Vulnérabilité : *qui, par ses insuffisances, ses imperfections, peut donner prise à des attaques*. L'étymologie latine nous parle de blessure. Qui parmi nous peut se dire « sans blessure ». La plus importante étant la blessure du manque d'amour inconditionnel.

La vulnérabilité est toujours vue du côté du malade. Nous sommes vulnérables car nous avons une maladie. Pourtant la vulnérabilité est fondement de l'humanité. Je suis vulnérable, par naissance, et par cette vulnérabilité je rejoins l'ensemble de l'humanité. Vulnérabilité n'est pas synonyme de faiblesse ou de dépendance, a fortiori d'âge ou de maladie. La définition nous le dit bien : c'est à travers nos imperfections que nous sommes, tous, vulnérables.

Et si nous nous pensons parfaits, nous devenons des robots. C'est d'ailleurs le rêve du transhumanisme, ne plus se préoccuper des imperfections, les nettoyer, remplacer les pièces, faire des surhommes.

Ne pas confondre vulnérabilité et incapacité. Quand l'extérieur fait irruption brutalement à l'intérieur, nous pouvons accueillir le ressenti d'être vulnérable, fragile, perdu. Mais de la négation de notre vulnérabilité, nous terminons victimes.

Peut-on réellement imaginer que nous abandonnerons définitivement ce qui fait la grandeur de l'humain : son imperfection (*l'imperfection heureuse du Dialogue avec l'Ange*) et donc sa perfectibilité ?

La vulnérabilité est sœur de l'humilité, je ne suis pas tout puissant, je ne sais pas tout, je ne maîtrise pas tout. Et là, nous nous heurtons à la façon dont les soignants en général et les médecins en particulier ont été formés. Nous devons savoir, nous devons trouver la solution, nous avons raison puisque le malade n'y comprend rien, etc.

Je parle de vulnérabilité, pas d'incompétence ou de fautes. Le médecin, lui aussi, ne sait pas tout et toujours. Et seul face au malade, pense que ce dernier attend de lui d'être pris en « charge » comme un nourrisson. Et il faut reconnaître que c'est souvent le cas.

Reconnaître son impuissance, sa propre vulnérabilité, c'est-à-dire ses imperfections, c'est alors que nous entrons dans la dimension sacrée de l'exercice. Je n'ai entendu que deux de mes confrères « avouer » leur difficulté face aux prises de décisions : la première en parlant de ses hésitations à prescrire les chimiothérapies et le second lorsqu'il m'a dit en baissant les yeux : *nous avons souvent tendance à en faire trop.*

« L'ombre de la faute plane en permanence sur la pratique soignante, dans les reliefs d'un savoir et d'un pouvoir faillibles, à même d'ouvrir sur l'abîme passionnel ». [7]

C'est vulnérabilité face à vulnérabilité que se tisse l'essence de la relation. En acceptant sa vulnérabilité, le

---

[7] Walter Hesbeen

médecin (ou le soignant) se met en *présence*[8] de la personne malade. Il reconnaît alors l'unicité de cet homme, de cette femme. L'unicité de **leur** histoire, de **leur** façon de composer avec la vulnérabilité. Le médecin ne peut soigner sans reconnaître sa « meilleure part » d'humanité, sa vulnérabilité, sa faiblesse, son histoire parsemée de chutes. Un médecin n'est ni un père (mère), ni Superman ni un copain. Il est un être humain traversé par les doutes inhérents à l'incertitude de la vie. Et au lieu de s'appuyer sur cette immense force, il pense trop souvent « devoir » répondre à l'attente des patients. Je me répète certes mais vous, patients, n'oubliez jamais que le médecin ne peut en aucun cas vous guérir. Il peut mettre à votre disposition tous ses savoirs et pour certains leur conscience/co-naissance, mais vous, **Vous** guérissez.

Je réalise que les actes que nous posons relèvent justement de la conscience que nous avons de notre existence : la présence à soi, ce qui va animer une personne au point de lui faire risquer sa vie pour sauver celle d'un autre.

La pensée dominante depuis au moins deux siècles est celle qui prône qu'aucune action ne peut être totalement désintéressée. Autrement dit, c'est le règne sans partage de l'égoïsme. Le politiquement correct dirait l'individualisme. Qu'en est-il alors de l'altruisme, de ces actes accomplis sans attente, sans espoir de retour, simplement parce qu'ils sont une évidence : *je ne pouvais pas faire autrement.*

---

[8] Présence : Fait d'être présent en esprit, fait d'être disponible à n'importe quelle sollicitation extérieure.

Pour Michel Terestchenko[9], le paradigme dominant étant la poursuite de l'intérêt propre, alors l'altruisme ne peut exister que dans une dimension sacrificielle. Je sacrifie mes besoins, mes envies, quelques fois ma vie pour « gagner » autre chose. Cette dimension sacrificielle est particulièrement importante dans les soins. À l'heure actuelle aucun soignant ne se sent bien dans une institution qui nie de plus en plus la relation et le don. Et malgré tout, les soignants se sacrifient pour que les malades se sentent le mieux possible. La dimension sacrificielle est porteuse de toutes les frustrations et donc de toutes les violences notamment institutionnelles, nous l'avons vu.

En relisant ce passage sur le sacrifice je pense à la réflexion de mon père quand je lui ai dit que je voulais commencer des formations en psychologie. *Avant nous avions des prêtres maintenant il faut des médecins…* Des années plus tard je réalise qu'il avait raison. Un petit essai passionnant[10] met en parallèle la religion catholique et la "religion médicale". La religion catholique, comme d'autres, a voulu « prendre le pouvoir » par la peur (du châtiment) détournant à son profit la Bonne Nouvelle du Christ[11]. La peur est reprise à son compte par la religion médicale. Sans notre appui, notre savoir, sans votre obéissance à nos « ordonnances » point de salut. La crise covidiotesque en est une illustration flagrante. Et le vaccin remplace le

---

[9] Michel Terestchenko. "Un si fragile vernis d'humanité, banalité du bien, banalité du mal". Editions La Découverte

[10] Médecine, religion et peur : L'influence cachée des croyances. Olivier Clerc. Jouvence

[11] Euangelion en grec d'où Evangile (NDA)

rituel du lavage des péchés. L'analyse d'Olivier Clerc concernant Pasteur et sa volonté de faire rentrer la médecine dans les croyances de la pureté de l'homme originel qu'il faut débarrasser des vilains agresseurs microbiens est éclairante. Dans le même registre le dogme des fantasmes si cher à Freud, qui contamine encore aujourd'hui la pédopsychiatrie et son rapport à l'inceste, a son origine dans le déni de Freud de l'inceste qu'il a subi enfant de la part de son père. Il est curieux de regarder le pouvoir de ses croyances qui perdurent encore malgré toutes les preuves.[12]

Mais aimer, être présent à soi, aux autres n'est ni synonyme de se sacrifier, ni une relation commerciale. Aimer est indissociable de la conscience de soi au risque même de la survie. Car la Vie est au-delà. Ou s'il s'agit de sacrifice c'est alors un sacrifice assumé, décidé, consenti. Pas subi, pas à défaut de, avec toutes les frustrations inhérentes à la sensation de non choix. Un sacrifice responsable.

Pour le comprendre il nous faut sortir des limites de nos egos qui ont pu envisager de sacrifier l'évolution des enfants pour protéger les vieux. Le fameux chacun pour soi et Dieu pour tous. Rien à faire des bébés masqués, des risques de la vaccination pour les enfants et les jeunes adultes, rien à faire de l'isolement. Je me fous de tout à condition d'éviter de côtoyer le risque mortel.

---

[12] https://www.youtube.com/watch?v=ir5vxZ6QgT0

Ça Urge !!!

Durant mes années de *petite main* à l'hôpital, je ne pouvais pas m'empêcher de poser un regard étonné sur certains comportements. En regardant les bébés médecins courir à tout moment, blouse ouverte volant dans leurs dos et col relevé, je les avais baptisés OCNI : Objet courant non identifié. La blague est mauvaise, je vous le concède bien volontiers, et un tantinet jugeante. Elle est le signe de l'importance du médecin qui vole au secours. Pour être honnête, j'ai succombé maintes fois au petit démon de « l'importance ».

Le temps est une des composantes majeures de la notion de santé et plus encore du soin. La santé s'inscrit dans notre inconscient entre deux extrêmes : la naissance et la mort. Partant bien entendu de la croyance que morts nous ne sommes plus en santé.

Mais le temps passe ... son temps à nous jouer des tours puisque, selon la physique actuelle, il n'existe pas. Il n'est qu'une construction. Pourtant notre société court sans cesse après. Pas étonnant qu'elle s'épuise.

Nous oublions la différence entre le temps (et sa durée) et le vécu du temps. *Dans ce vécu se loge le ressenti, l'épaisseur du temps.* (Bergson) : pour le dire plus trivialement, un moment avec notre chéri(e) est certainement plus « épais » que celui, de la même durée, passé sur notre déclaration d'impôts (l'inverse est aussi possible ...)

Le temps ne se maîtrise jamais ; au mieux, il s'emprisonne et se stérilise, au pis, il se gâche. Marc Halèvy[13]

Et il est bien question de l'épaisseur du temps donné a fortiori dans un métier qui fait de l'urgence une valeur de compétence et de reconnaissance. Quand tout devient urgent, plus rien ne l'est. Nous passons de la durée, qui donne son importance au temps passé pour accomplir une tâche, au délai. Encore une fois nous avons renversé la donne. Le délai rend tout … immédiat. Le délai exige la maîtrise absolue de tous les paramètres endogènes comme exogènes. Autant dire qu'il est pratiquement toujours impossible à tenir dans un système aussi complexe que celui du soin.

Les grands administrateurs ont décidé que la toilette complète d'un patient alité doit se faire dans un délai de 10 minutes. Fort bien… pour eux peut-être et leurs fichus tableaux mais quid du patient et de l'aide-soignant ?

D'où l'importance de la valeur du temps c'est-à-dire <u>ce que l'on en fait</u> et <u>non ce qu'il nous rapporte</u> financièrement ou en termes de reconnaissance (ou de pouvoir). Il est évident que depuis que l'on rémunère les « heures de travail » et non la réelle valeur des actes, rien ne va plus. La réelle valeur de ce temps de travail n'est pas liée aux tâches mais à la <u>présence</u>, à <u>l'attention</u> avec lesquelles elles sont réalisées et bien entendu au résultat obtenu. Entre les coups de fil, les papotis sur les aventures du week-end au-dessus du malade « à poil » en pleine toilette (vécu), les

---

[13] Marc HALEVY est un physicien et philosophe de la complexité et de la spiritualité

impératifs horaires, les lourdeurs administratives, le **temps de présence** au sens noble du terme se réduit comme une peau de chagrin[14].

En médecine nous avons oublié la distinction entre ce qui est important et ce qui est urgent. Est-on même encore capable de comprendre le sens de ces mots ? Pourtant le registre évoqué n'est en rien identique. **Ce qui est important est du registre du résultat, le second uniquement de la mesure du temps.**

Nous avons perdu la notion de l'importance du soin. Pourtant elle est essentielle. C'est le soin qui est important, pas le délai dans lequel il est effectué. Nous revenons à l'idée de l'acte juste : la bonne action au bon moment par la bonne personne.

Plus un système est complexe (et comment qualifier autrement celui des soins ?) et plus la planification des actes si chère à nos technocrates est illusoire.

Nous sommes encore sous la domination de la religion scientiste et ses dogmes : matérialisme, hasard, causalité et déterminisme.

Pour en sortir nous devons accepter un bouleversement de ces règles. Dans la physique de la conscience le temps, l'espace et la matière n'existe pas, la réalité n'existe pas. Vous pouvez constater que tout est information, vibration. Et que nous sommes encore dans le règne de l'ignorance.

---

[14] La peau de chagrin faisait autrefois référence à la peau de la croupe de l'âne. Rien à voir avec la tristesse. (NDA)

Pour revenir à notre sujet, le soin et le temps, il serait grand temps de redonner valeur à l'acte. Pas au temps qui de toute façon n'est qu'une perception de notre croyance en un temps contraint.

Je suis certaine que vous avez déjà vécu cette expérience. Vous partez en retard pour un rendez-vous ou vous tombez sur un embouteillage. Vous pestez, vous insultez ceux qui vous ralentissent ou le réveil qui n'a pas sonné. Quand cela m'arrive, c'est en tout cas ce que je commence par faire. Mais cette conscience du temps **sans durée** me permet de reprendre très vite mon calme. J'accepte l'incontournable et je suis pratiquement toujours étonnée par le résultat : mon rendez-vous est retardé, le patient n'est pas encore là, j'ai évité un accident… Bref c'est comme si le temps s'ajustait. J'ai pu aussi vérifier cela lorsque j'avais une journée très chargée en consultations et que l'une d'entre elles nécessitait que je dépasse la durée habituelle. Si je restais calme les rendez-vous se calaient sans problème, très souvent par l'annulation de l'un d'eux. Étrange ! et vous me direz que c'est le hasard. Libre à vous !

J'ai vérifié trop souvent ces « heureux hasards » pour ne pas en tirer la conclusion que **le temps est mon allié**. Pas mon ennemi. **Mon allié en amour**.

Donner valeur au soin est une question … de présence à qui nous sommes, qui est l'autre et bien entendu à ce que nous faisons pour cet autre, malade ou pas d'ailleurs. C'est un instant unique, un geste fluide et une attention toute entière tournée vers celui ou celle dont nous prenons soin. Il est certain que si nous sommes en permanence préoccupés par l'urgence, la vitesse, le soin d'après, nous ne serons jamais satisfaits et notre temps n'aura aucune valeur sauf ce que l'on aura gagné en termes de salaire.

Tous les hivers, Covid ou pas, nous avons droit aux images d'urgences débordées. Je ne nie pas l'encombrement (dont les raisons n'ont d'ailleurs pas grand-chose à voir avec une explosion des pathologies mais bien plutôt au délitement de la médecine de ville) mais ce dont je suis certaine, c'est que plus on vit dans l'urgence et moins on peut correctement faire son boulot.

Moins on soigne, plus on traite… mal.

L'important à l'heure actuelle est justement de redonner valeur à l'action. L'action, pas le temps passé. Toutes les philosophies nous rappellent la notion d'acte juste. Mais si vous cherchez sur internet la notion d'acte juste il n'est question que de justice et d'équité. Pas de justesse. Et c'est pourtant elle qui fait entrer la dimension du temps et donc de la présence. L'acte juste est celui qui incarne la relation, qui donne chair ici et maintenant. La relation à soi en écho à la relation à l'autre. **Le temps en soi qui résonne avec le temps en l'autre**.

Asseyez-vous, j'ai tout votre temps (Pierre Daninos). Autrement dit, avec humour mais … justesse.

Alors si nous ne pouvons pas être en phase avec une planification du temps, nous devons apprendre à synchroniser nos temps, nos actes, les processus multiples et avant tout nous synchroniser, en nous et entre nous. La synchronisation est un processus d'ajustement continu face à des objectifs, des environnements et des événements imprévisibles et impermanents. Ne serait-ce pas tout simplement se synchroniser avec le Vivant plus que vouloir planifier et donc rigidifier, figer la vie ?

Psittacisme soi-niant

Joli mot pour définir le fait de répéter mécaniquement quelque chose, comme un perroquet. Soumis à l'urgence... permanente, nous répétons sans y faire attention des petites phrases symptomatiques de l'in-attention avec laquelle nous "traitons" les personnes.

1. <u>La plus frappante : C'est normal !</u>

Vous avez mal... c'est normal enfin, soyez patient(e) (oups !) *vous venez d'être opéré(e).*

Vous vomissez... c'est normal avec le traitement que vous avez.

Vous n'arrivez pas à faire vos besoins sur le bassin...c'est normal au début mais vous pourriez y mettre du vôtre.

Bref, vous êtes mal, douloureux c'est NORMAL puisque vous ÊTES malade. Dans notre société il est évident qu'être malade est normal puisque cela arrange Big Pharma et que la santé n'est jamais vraiment valorisée.

Exemple parfait : l'épidémie de SarsCov2. Surpris par les symptômes des premiers cas et même si dès le début de nombreux médecins ont traité avec des antibiotiques et de très bons résultats, il fallait à tout prix hystériser cette maladie. Entre les courbes délirantes des modélisateurs et les mensonges des politiques, l'épidémie est devenue crise sanitaire. Il est évident quatre ans après, qu'elle n'a rien de sanitaire. Mais le nez sur le guidon, accrochée sans recul aux protocoles, préconisations et autre conseil scientifique (pardon conseil de défense... normal du coup puisque nous « sommes en guerre »), une grande majorité des médecins n'a pas su, pu ou voulu soigner. Car il faut bien le reconnaître ce fameux « c'est normal » a éteint toute possibilité de réflexion et de traitement. Combien de personnes sont-elles mortes de cet emballement hystérique rythmé par les applaudissements de 20 heures ?

Donc c'est normal, la violence des douleurs, les symptômes divers et variés, c'est normal puisque vous êtes malades ! Et oui, bien sûr, coupables d'être malade et de mettre en cause par vos symptômes le savoir médical. Je ne peux que demander pardon à tous les patients à qui j'ai dit, inconsciente et sourde à leur détresse, que ce n'était pas les traitements qui rendaient malades mais la maladie elle-même. Quelle idiotie !

Est-il vraiment normal de se sentir aussi mal ? Je suis devenue médecin pour soigner, soulager, apaiser, aider le patient à guérir. Pas pour lui donner des traitements qui ont des effets secondaires délétères. Quand donc patients et soignants oseront dire que ce n'est pas normal, que la maladie elle-même n'est pas normale même si elle peut faire sens dans nos vies ? Quand oseront-ils accuser les industries du médicament de faire des bénéfices au détriment de la santé ? Quand donc soignants et patients feront alliance pour enfin soigner « en conscience », pour soigner en mettant au-dessus de tout le respect de l'autre ?

Est-ce normal encore d'attendre des heures aux urgences, de chercher désespérément un rendez-vous avec un médecin ? Est-ce normal d'être clairement laissé sur le bord du précipice ? Quand donc l'humain en nous, se réveillera-t-il pour affirmer haut et fort : NON rien de tout cela n'est normal !

Quelques mois ont passé depuis le début de ce chapitre et tout s'effondre. Je reçois des appels de personnes qui recherchent désespérément un médecin, un kiné, une infirmière. Je ne sais même pas comment elles ont eu mes coordonnées. Alors je fais ce que je sais et peux faire : écouter, rassurer, orienter. Et laisser grandir le projet de mettre en place un réseau de soins hors des sentiers balisés par les technocrates. Pour offrir aux patients la possibilité de réaliser qu'ils sont les maîtres d'œuvre de leur santé, qu'ils ne sont pas en incapacité de se soigner et de prendre soin, de demander clairement de l'aide en fonction de leurs besoins et de leurs ressentis, pas de ce que nous pensons faire <u>pour</u> eux mais <u>avec</u> eux.

2. <u>Le fameux : J'arriiiiive !</u>

Impossible de décrire le monde des soins sans parler du mot le plus employé dans la langue soignante : J'arrive ! Parfois avec compassion, le plus souvent sur un ton agacé. Ce verbe traduit l'intense frustration qui règne dans notre milieu. Frustration liée au sentiment permanent de n'avoir pas assez de temps, de toujours devoir courir d'un patient à l'autre. Frustration de n'être pas à la hauteur de notre désir de prendre soin.

L'anagramme de j'arrive est : je verrai. Je verrai si je peux répondre à une sonnette, à l'appel d'une collègue, à une consultation urgente. Désagréable n'est-ce pas de jouer avec les mots. Car c'est exactement ce que le malade, qui a sonné pour qu'on l'amène aux toilettes ou qu'on le mette sur le bassin, entend. *Je verrai si j'ai le temps.*

Bien sûr il existe des soignants qui ne ressentent pas cette frustration. Quelle que soient les professions, il y a toujours une certaine proportion d'incompétents et/ou d'handicapés de la relation, de la compassion, de l'empathie. J'ai la triste impression d'ailleurs qu'ils se multiplient de façon exponentielle dans tous les corps de métier.

Pourtant, durant toutes les années où j'ai assuré des formations sur la relation, le soin palliatif, le stress, j'ai surtout vu des soignant(e)s terriblement mal à l'aise face aux exigences technocratiques et aux abus de pouvoirs de leurs supérieurs. Mais soumis, par peur de perdre leur emploi, d'être "en dehors" et montrés du doigt. Les violences institutionnelles sont terribles.

Pour la personne hospitalisée, fragile physiquement et émotionnellement, ce "j'arriiiiive" est toujours difficile à entendre surtout s'il empêche la personne de subvenir à ses besoins physiologiques les plus élémentaires. Les sentiments de honte et de culpabilité l'envahissent alors : honte de ne pas pouvoir "se retenir", culpabilité de "déranger". Je peux en témoigner douloureusement.

Il est évident que les financiers qui ont pris les commandes des soins ne se sentent nullement concernés, et a fortiori impliqués, par l'impossibilité d'aller seul aux toilettes et le manque de soignants. De toute façon c'est tout bénéfice pour les fabricants de couches (pardon de protections…) et peu importe si le budget se trouve mal (même un budget peut être malade) !

Tout au long de mon exercice, j'ai remarqué l'indifférence de TOUTES les catégories de soignants face aux demandes des patients. Répondre à une sonnette est « exclusivement » réservé aux aides-soignants, rarissimement aux IDE[15] et bien entendu jamais aux médecins. Cette répartition des tâches, due beaucoup plus aux petits jeux de pouvoir qu'aux différents statuts et fiches de poste, gangrène les relations au sein des équipes. Si l'administration des soins a besoin d'être rigoureusement définie pour des questions de responsabilité, elle se fait au détriment du prendre soin, in-évaluable, impossible à mettre en courbe ou en camemberts et donc inchiffrable.

Le "prendre soin" n'appartient à personne et concerne tout le monde.

C'est ainsi que dans le service où je travaillais, un matin où nous avons eu six décès, j'ai proposé aux Aides-Soignants de les aider à descendre les personnes à la chambre mortuaire. Ils (elles) étaient à l'évidence bouleversée (e)s

---

[15] Infirmiers Diplômés d'État

et épuisé (e)s. Une des AS m'a répondu : *tu ne vas pas nous piquer notre boulot en plus !* Je ne saurai jamais en plus de quoi puisque je suis restée interloquée, sans esprit de répartie.

Cette notion du « prendre soin » est intimement liée à celle de la compassion, à l'empathie et à l'attention, c'est-à-dire à la capacité de ressentir la souffrance de ceux qui nous confient leurs soins. Le plus difficile lorsque nous passons de l'autre côté, que de soignants nous devenons patients, est de rester en confiance avec ceux (celles) qui nous soignent quand nous ressentons leur frustration, leur lassitude, leur indifférence vis-à-vis de l'être humain que nous sommes, malade ou pas. Et pire encore, le soignant malade renvoie l'image de l'incertitude de la vie, de la « non toute puissance ». Ses collègues prennent alors les choses en main désireux de chasser au plus vite cette représentation désagréable de leur non maîtrise absolue.

Ce j'arriiiiive ! lancé sur le pas de la porte ou à l'autre bout du couloir brise un fois de plus la relation de confiance. Et ce faisant m'apparaît comme une perte de chance pour la qualité des soins et donc pour le malade. Bien sûr il n'en dira rien, allant très souvent jusqu'à plaindre le professionnel débordé (ou se présentant comme tel) et atteint du syndrome de Stockholm[16], il se rendra compte trop tard (ou parfois jamais) du niveau de

---

[16] Situation paradoxale de "fraternisation" entre agresseurs et agressés (en 1973 prise en otage durant 6 jours des employés d'une banque à Stockholm. À l'issue de leur libération ils vont s'interposer entre les braqueurs et les forces de l'ordre).

soumission qu'il a accepté, basculant alors dans la résignation (et donc baissant les bras) et/ou la violence.

La croyance de l'urgence est certainement le pire ennemi du prendre soin et même souvent du soin. La mode des séries télévisuelles présentant les héros des urgences flatte nos egos de sauveurs et incitent les patients à penser que nous sommes tous, et tout le temps, dans la dynamique du sauvetage. Pourtant bien peu de gestes ou d'examens sont vraiment urgents. Mais l'image de sauveur est résistante, surtout dans le corps médical, parce que les IDE et AS se présentent plutôt comme victimes du système et des médecins, souvent à juste titre. Quant aux patients, la manipulation des médias et des images les fait osciller entre moutons et loups. Moutons face au corps médical (*des fois que le médecin me ferait payer ma résistance...*) et loups quand il n'y a pas d'enjeux avec les secrétaires, les AS et ASH. Combien de plateaux jetés à la figure, de crachats, de refus de toilette, d'insultes... etc. La violence contre les médecins est en très nette augmentation ce qui n'est pas étonnant dans le contexte de l'effondrement du système de soins et des positions médicales face à la « crise sanitaire ».[17]

La question fondamentale, première au sens de question initiale du soin est : comment moi, de la place qui est la mienne, puis-je contribuer à des rapports humains bons et bienfaisants ? Il s'agit bien d'une question personnelle au sens d'individuelle qui pourra et devra également se

---

[17] https://www.conseil-national.medecin.fr/sites/default/files/external-package/analyse_etude/1dxm17k/cnom_observatoire_securite_2022.pdf

réfléchir et se décliner en groupe, mais qui ne peut, en aucun cas, se poser et se réflechir uniquement avec d'autres. Car c'est de la personne de chacun dont il est en premier lieu question et pas d'un consensus collectif qui, même sincère, peut rester impersonnel.

3. Le tueur : C'est dans la tête !

Combien de fois avez-vous entendu devant des symptômes que votre médecin ne comprenait pas que, au choix : c'est dans votre tête, vous imaginez, vous pensez trop... au mieux que vous étiez anxieux (ses) et hop ! Un p'tit anxiolytique dans l'gosier.

De récentes études montrent un lien direct entre la (sur)consommation d'anxiolytiques et les dégénérescences cérébrales type Alzheimer. Nous sommes le pays champion du monde du dopage aux pilules anti-stress.

Pourtant notre corps est le révélateur de nos émotions et les symptômes de tous ordres sont là pour que nous les accueillions comme autant de petits signes d'une erreur, d'une inattention dans le fil de notre vie, d'un oubli de « qui je suis ».

En écoutant une conférence de mon confrère Olivier Soulier – je profite de ce souvenir pour lui rendre hommage et le remercier de son engagement dès l'apparition de notre petit couronné – je repense à ce moment unique, cette grâce que j'ai vécue en 3ème année de mes études. Nous étions encore à l'époque des grandes messes où une bonne trentaine d'étudiants s'essayaient au diagnostic face au patient fort intimidé par cet aréopage en blouse blanche, patron du service compris. Une dame recroquevillée sur sa chaise est interrogée fort courtoisement par un étudiant.

Madame de quoi vous plaignez-vous ?

J'ai très mal au ventre du côté droit. Je n'arrive plus à dormir.

Suit un interrogatoire portant sur sa « vie médicale » : opérations, maladies, grossesses...

La patiente ressort et notre patron nous demande quelle pathologie nous vient à l'esprit. Il avoue d'emblée qu'il n'a aucune idée particulière. Un aveu fort rare dans le monde de sachants médicaux. Je vous fais grâce de toutes les hypothèses. Vient mon tour et je ne sais toujours pas d'où m'est venue cette idée que j'énonce à voix basse, persuadée de me faire descendre en flèche.

Monsieur, je pense qu'en réalité elle désire que vous lui fassiez une ligature des trompes.

Rires dans la salle ... sauf du patron.

Sur quoi basez-vous cette réflexion ? me demande-t-il.

Sur l'écoute de ses mots, Monsieur. Elle nous a répété plusieurs fois qu'elle avait 8 enfants et qu'elle n'en pouvait plus.

Sans commentaire, il fait revenir la patiente et me charge de l'interroger. Je me rapproche et après quelques questions sur ses enfants, doucement lui demande quelle contraception elle utilise. Elle fond en larmes et avoue :

Mon mari refuse toute contraception et me force à accepter de coucher avec lui. Vous comprenez il est très croyant et dans sa famille il n'est pas question de refuser un enfant.

Elle termine en disant que si on l'opère de la vésicule, on pourrait lui ligaturer les trompes sans que son mari soit au courant.

Ce moment, je le réalise en écrivant, a été fondateur dans ma façon de médeciner. C'était bien dans la tête et pourtant comment soigner sans relier le corps à l'esprit, le corps à l'âme ?

Curieusement c'est aussi l'instant où j'ai réalisé ma peur de ne pas faire ce qu'il faut pour aider le patient à guérir.

Établir un diagnostic, faire faire des examens complémentaires pour terminer par une ordonnance me paraissait déjà trop restrictif. Le fameux « c'est dans la tête » est pour moi, toujours à l'heure actuelle, une forme de rejet, de mépris de l'Autre. En quoi ce qui est qualifié de psy est-il moins important qu'une « belle tu-meur » ?

Nous savons maintenant à quelle point nos émotions, nos expériences de vie impactent notre corps au plus profond de nos cellules. Alors comment se fait-il que tant de médecins et/ou de soignants ricanent, en faisant dans le dos du patient, un geste bien connu pour montrer que ça ne tourne pas rond ?

Antonio Damasio a écrit *l'Erreur de Descartes* en 1994 pour nous montrer que la raison n'est pas le cartésianisme : le fameux je pense donc je suis. C'est notre corps qui nous permet la relation au monde et donc exister précède la pensée. La pensée se fait l'interprète de nos émotions, de nos sensations.

Pour Spinoza ce sont les émotions et les sentiments qui nourrissent la vie. Alors comment être en soin en écartant d'un revers de main toute cette nourriture ? Comment soigner sans révéler le sens offert par les manifestations corporelles ? Les médecines chinoises et indiennes ont découvert l'importance de cette relation corps-âme-esprit, il y a plusieurs milliers d'années. Nous avons régressé dans notre façon d'en-visager (au sens de Levinas) l'Autre dans ses expressions de maladies. Cet Autre étant nous-même (ce qui pour un médecin malade devient fort compliqué).

Pour un médecin envisager Sa maladie est une sorte d'épisode schizophrénique. Je suis celui (celle) qui sait et tout à coup je ne sais plus. Ou plutôt j'étais celle qui savait poser un diagnostic et établir un traitement mais là maintenant devant la maladie je réalise que mon corps parle un nouveau langage que je n'ai pas appris à comprendre, pire à écouter. J'ai appris à « relever » les a-normalités et à penser la santé comme une absence de symptômes. Mon corps me semble étranger, je me sens trahie. Et je repense au nombre de fois où les patients m'ont dit la même chose.

Alors c'est bien avec ma tête qu'il me faut me réconcilier autant qu'avec ce corps devenu étrange et étranger. C'est un marathon pour se réapproprier la confiance dans ce que je ressens, en dépit des dictats médicaux. Et pourtant cette randonnée vous promet des paysages intérieurs inoubliables car chaque étape vous rappelle que vous êtes vivants.

4. <u>Tout est dit : Il (elle) est condamné(e) !</u>

Fin d'après-midi, l'agitation du service se calme peu à peu. Une famille m'attend devant la porte d'une malade.

Alors Docteur, qu'est-ce que vous allez faire ? L'oncologue nous a dit qu'elle était condamnée !

Et me voilà coincée dans un conflit de loyauté entre le dire de mon confrère et mon propre ressenti de la situation. Et par-dessus tout, je sais que la patiente n'a pas été mise au courant de l'évolution de la maladie. Comme elle est très âgée, la famille a demandé aux soignants de ne rien lui dire, sinon, *vous comprenez elle ne se battra pas* ! Autrement dit il me faut « faire quelque chose » dans le dos de la personne.

Quelle faute a-t-elle donc commise ? Et condamnée pourquoi, à quoi ? Je ne peux m'empêcher de ressentir de la colère. Comment pouvons continuer à utiliser un tel mot pour parler de certaines maladies ou de l'approche de la mort ? En quoi la maladie et la mort sont-elles liées à des condamnations ?

Nous gardons encore des croyances moyenâgeuses. La mort, la maladie sont forcément reliées à la notion de péché, de non mérite. Lors de la survenue de l'épidémie de HIV, n'avons-nous pas entendu les termes de *punition divine* ciblant spécifiquement les personnes dont la sexualité ne convenait pas aux « braves gens » selon Brassens. Et nous en sommes encore là. Une condamnation à mort. Pas étonnant que lors d'une entrée à l'hôpital, certains aient l'impression de mettre la « tête sur le billot ».

Il est stupéfiant d'imaginer qu'un médecin puisse utiliser ce genre d'expression. L'annonce de la possibilité d'une mort prochaine met en mouvement une dynamique particulièrement néfaste pour la personne. En effet tout l'entourage, soignants compris, s'immobilise dans l'attente de ce moment, par ailleurs parfaitement mystérieux, de la mort. Un peu comme un arrêt sur image, plus rien ne bouge, on attend, selon les familles, les personnes : la libération, la reprise d'une vie qui enfin peut mettre la mort de côté, sans compter bien sûr l'attente des règlements de comptes dans tous les sens du terme. C'est avant tout le fait que la condamnation est prononcée en dehors de la demande claire du patient qui entraîne cette suspension dans l'attente. J'ai peu rencontré de personnes en fin de vie me posant vraiment la question : *Docteur est-ce que je vais mourir de ma maladie ?* Les malades ne posent pas vraiment de question, ils affirment : *Je sens que je vais mourir bientôt* ou encore *Je n'en n'ai plus pour longtemps*. La famille s'empresse de se rassurer : *Arrête de dire des bêtises, Hein Docteur ?* Nous voilà coincés. Comment répondre ?

Puisque la médecine est en délicatesse (et c'est un euphémisme) avec la mort, elle a trouvé un moyen de l'écarter. Je sais que ces quelques mots vont choquer. Pourtant 15 ans de soins palliatifs me donnent toute légitimité pour les écrire.

Pendant l'écriture de ce chapitre une personne qui m'est chère venait d'apprendre qu'elle était "condamnée". Et l'attente a commencé avec tout le cortège des "horreurs" d'une mort programmée.

Prolonger la vie au risque de sa qualité, prolonger la vie « à tout prix ». Ce mot condamné exprime parfaitement la sentence. Nous voulons tout mettre en œuvre pour fuir la mort et lorsqu'elle met le corps soignant en échec, nous condamnons ce patient qui n'a pas pris soin de lui, qui est venu trop tard, qui n'a pas su donner raison à nos choix thérapeutiques, qui n'a pas su ou voulu se battre. La mort est l'ennemie car elle est vécue comme l'échec des soins par les soignants. Et bien entendu nous rejetons l'idée de l'échec, nous ne voulons pas de cette sensation d'impuissance insupportable face au malade qui n'en peut plus.

L'ami qui vient de décéder a eu une agonie « traitée », chimiothérapies jusqu'au bout, avec son cortège d'effets indésirables. Mais qu'en a-t-il été pour sa femme et son fils obligés d'assister impuissants à l'acharnement des soins et pour le patient contraint d'affronter en silence ses émotions et la conscience de sa fin de vie gâchée. Je suis profondément ulcérée car dans un temps pas si lointain, il aurait commencé par être opéré. Oui…mais trop étendu pour le chirurgien et la fausse sécurité des protocoles basés sur des projections mathématiques. Alors séquences répétées de chimiothérapie pour faire semblant de soigner. Je dis faire semblant car la condamnation était déjà tombée. Mais faut que la maladie rapporte… quoi qu'il en coûte surtout pour le patient, sa famille et la société.

Le patient se trouve devant une double peine : celle d'avoir une maladie, de se sentir en marge de la vie et celle de devoir subir les soins. Je suis parfaitement au clair avec l'importance des traitements et des soins. Mais mon expérience personnelle en tant que soignante et patiente a peu à peu mis en lumière le fossé infranchissable, pour l'instant, entre ce que nous propose la médecine et l'intégration de la maladie dans la vie. Et pourtant ils, elles, nous, même malades, sommes vivants. La médecine veut lutter contre la mort, dit sauver mais sait-elle protéger le vivant ?

Le soignant et la mort

Tout est vivant et la Vie continue, toujours. Alors qu'en est-il de la mort ? Cette vilaine faucheuse qui a l'outrecuidance de nous enlever les êtres chers et même le plus cher de tous à nos yeux, nous !

La mort fait partie de ma vie depuis ma conception en pleine guerre d'Indochine. Suivi de mes 10 premières années en Algérie avant l'indépendance. À 2 ans et demi je fais, suite à une chute entraînant une hémorragie méningée, quinze jours de coma. Mes parents entendent de la bouche d'un médecin que j'ai 50% de « chances » de mourir et 50% de rester handicapée. Il faut croire que ma mauvaise tête a déjoué ce pronostic.

À 7 ans je me retrouve couchée dans un caniveau en sortant de l'école, pour échapper à des rafales de mitraillettes et protéger ma petite sœur. Beaucoup de mes camarades de classe sont blessés ou tués.

Pendant une grande partie de ma vie professionnelle, j'ai accompagné les personnes en fin de vie ou en deuil (soins palliatifs, accompagnement dans une association de parents endeuillés). Mes amis me demandent encore comment j'ai pu faire ce travail qu'ils considèrent comme malsain au pire, incompréhensible au mieux.

Comment comprendre les employés des pompes funèbres, les médecins légistes ou les personnels soignants qui choisissent les soins palliatifs ? Fréquenter l'Ankoù[18] au quotidien, quelle horreur !

Fascination du mystère, volonté de comprendre, de maîtriser : peut-être. Je laisse libre interprétation aux psys qui me liront. Il est certain que ma passion de *l'Être en soin* m'a orientée vers cet exercice si particulier d'autant que je ressentais depuis mon entrée en médecine le traitement pernicieux que nous avions de la mort. Faire de la mort son ennemi, vouloir sauver, vaincre la mort… ivresse de toute puissance !

Lorsque j'évoque la perte du sacré dans notre art médical, il est aussi question de cet aspect : La volonté de maîtriser la mort. Aller à l'encontre des cycles du vivant, refuser de voir la vie dans sa dimension transcendante. Pire encore faire de la mort un outil de régulation des services débordés (inutile de vous préciser à quel événement je fais allusion !).

Depuis que j'habite au milieu des champs et des bois dans une petite ville du Centre Bretagne, certains diraient chez les pèquenots (ou les *sans-dents*), je suis en direct avec les cycles du Vivant. Et comme dans tous les villages bretons, le cimetière est au centre du village autour de l'église ou à proximité. Chez mon grand-père, les repas familiaux pantagruéliques se terminaient au milieu des rires par une distribution d'héritage en fonction de notre bonne ou mauvaise tenue. La mort n'était pas mise à distance. Ces

---

[18] Nom de l'ange de la mort en breton

séances, qui pourraient sembler morbides aux nouvelles générations (même si la mort virtuelle dans les jeux en réseau est omniprésente), démystifiaient la mort d'autant que les plus taquins à son sujet étaient les personnes âgées. Un psychodrame joyeux et, à tout breton tout honneur, quelque peu arrosé.

Ayant côtoyé la mort très jeune (accident, guerre, mort de mon grand-père), quel fut mon étonnement lors de mon arrivée dans le sud de la France et à l'école de médecine. La mort est brutalement devenue taboue. Les rituels pratiquement absents. Et j'ai alors réalisé que tous ces moments de rire autour de la mort m'avaient appris qu'elle s'apprivoise, lentement comme un animal sauvage et libre. Un animal envahissant dans ce qu'il est face à moi, à chaque instant qui passe. Nul ne sait le moment ni l'heure !

Cela ne veut pas dire que j'y pense à chaque instant. Elle n'est pas une pensée, elle est l'inéluctable depuis ma (notre) naissance. En aucun cas elle n'est l'adversaire de la Vie. La naissance et la mort sont les deux portes qui limitent notre incarnation mais la Vie, elle ne s'éteint pas. Elle est cycle, renouvellement.

Ces quelques lignes d'introduction pour vous expliquer mon choix de mettre mes compétences et mon cœur au service des personnes en fin de vie.

La perspective de mourir n'a vraiment rien d'agréable et loin de moi la volonté de faire dans l'émotionnel dégoulinant. C'est d'ailleurs ce qui m'a rebutée dans les formations universitaires en Soins Palliatifs. Que de bons sentiments pour médicaliser ce qui n'a rien à voir avec la médecine. Sommes-nous devenus tellement handicapés de la relation qu'il nous faille apprendre à être là, simplement jusqu'au bout du chemin de nos proches ou patients ? La mort a été récupérée par le pathologique, comme la naissance d'ailleurs, mais le pathologique permet la marchandisation et l'exploitation, donc les profits.

Pour mourir il est inconvenant d'être en bonne santé. La mort ne peut être que l'aboutissement de la maladie. Pourtant j'ai rencontré en 15 ans beaucoup de Vivants. J'ai encore en mémoire le sourire en coin de ma grand-mère maternelle, qui un jour s'est retirée du monde sans pathologie particulière (refus de manger, de communiquer). Au moment où mon ex-mari lui posait une perfusion pour l'hydrater, elle a ouvert les yeux en disant : *Les meilleures choses ont une fin !* Elle est décédée le lendemain tranquillement chez elle et entourée.

La mort dans les services hospitaliers ou en EHPAD est devenue la règle. Éloignement des proches, surmédicalisation des vieux, accompagnement sociétal inexistant, nous sommes tous les indigents des hospices médiévaux. Car ce que l'on appelle pompeusement soins palliatifs n'est pas une « découverte » récente. Mais autrefois les soins hospitaliers aux mourants étaient réservés aux pauvres, ceux qui ne pouvaient pas mourir chez eux souvent parce qu'ils n'avaient pas de chez eux. C'était un acte de charité que d'offrir un abri et des soins. Les hospices étaient tenus par des religieuses. La charité certes, la compassion, pas toujours mais avec l'espérance d'un au-delà plus accueillant.

Donc la mort est « pathologique », elle doit être traitée, maîtrisée. D'ailleurs on parle bien de soins, palliatifs. Et si par malheur la fin se profile, elle doit être rapidement neutralisée. Les soins aux mourants sont un paradoxe pour la médecine technocratique qui voudrait tant pouvoir vaincre la mort.

Le terme de palliatif vient du verbe pallier. Pallier à quoi ? J'oserai dire que l'objet même du soin est d'être palliatif. Les synonymes de pallier le disent parfaitement : corriger, prévenir, remédier, suppléer. N'est-ce pas ce que nous faisons en soignant ?

Mais dans le sens couramment admis le soin palliatif est là pour pallier aux souffrances, qui, hélas, sont trop souvent imputables aux soins de la pathologie… Quid de la personne qui s'en va ? Comment respecter la Vie face à la douleur, à la peur ou à la colère ? Quelle **bonne attitude** pour donner l'opportunité d'une **bonne mort** ?

Comment faire comprendre aux proches que nous avons à être sereins face au départ ? Comment les accompagner pour qu'ils puissent à leur tour Vivre ces derniers moments avec l'être aimé ?

Il est des morts parfaitement indignes. Elle s'appelait Jéromine. La mort de son époux et un fond dépressif dû à un trauma durant sa jeunesse la laissait démunie, assise dans son fauteuil toute la journée. Elle n'était pas abandonnée par son fils qui l'appelait tous les jours et venait la voir régulièrement, ni par ses amis, mais sa dépendance demandait des soins constants. Les infirmières et aides ménagères se relayaient sans aucune compassion, juste pour faire le minimum. Son médecin traitant renouvelait les ordonnances (anxiolytiques, antidépresseurs et ... Doliprane) sans états d'âme et ne cherchait aucunement à être en relation avec elle. Lors d'une consultation chez un cardiologue, elle est embarquée manu militari par le SAMU et dirigée vers le CHU sans explication sur son état. Son fils n'est même pas prévenu et apprend par les infirmières qu'elle est mise en soins palliatifs. L'annonce téléphonique par un des médecins du service est brutale : *votre mère est mourante, nous allons la sédater.* Il est obligé de se battre pour réussir à obtenir quelques instants auprès de sa mère terrorisée. Il me contacte et me demande des renseignements sur les traitements délivrés à sa mère. Je reste sans voix car il est évident que la décision de la laisser mourir en soignant simplement sa souffrance n'a pas été envisagée ni avec son fils ni avec elle. Pire encore la volonté affichée dans le service d'accélérer sa mort. Son médecin traitant n'est pas prévenu non plus. Jéromine exprime clairement qu'elle ne veut pas mourir. Impossible de la faire sortir du service où elle décède en quelques heures ... Le récit de cette mort est représentatif de la relation que la médecine entretient avec les fins de vie. Les demandes de clarification de la famille n'ont aucunement abouti et les soignants mis en cause n'ont eu qu'une seule justification : *Vous n'aviez qu'à vous en occuper !* Quelle misère ! J'ai ressenti une profonde colère face à ce traitement inhumain.

Lorsque nous échangeons entre confrères sur l'annonce des « mauvaises nouvelles », une phrase revient sans cesse : *il ne faut pas enlever l'espoir au patient.* Par mauvaises nouvelles dans le langage soignant il faut entendre l'annonce d'une maladie chronique et/ou mortelle.

Qu'est-ce que l'espoir : Fait d'espérer, d'attendre avec confiance la réalisation de quelque chose. L'espoir est donc lié à l'attente. Mais l'attente de quoi ou de qui lorsqu'il s'agit de maladie grave et de la mort ? L'attente de la guérison, du mieux-être, du retour à la « normale », d'une mort rapide ?

Dans mes conversations avec les mourants, il n'est souvent question que de l'attente d'un sourire, de la venue d'un être cher avant… avant le grand départ, le retour à la maison, les retrouvailles avec les êtres disparus plus tôt. Autant de formules que j'ai entendues de la bouche même des patients.

Une dernière preuve que les liens sont toujours présents pour quelqu'un déjà presqu'absent. Mais très rarement l'espoir d'un chemin qui peut continuer. Même chez les personnes qui semblent les plus inconscientes, celles pour lesquelles les proches nous demandent de ne rien leur dire parce que *sinon ils (elles) ne vont plus se battre.*

Je parlais en tout début de ce récit de ma grande tristesse. Elle s'origine aussi dans toutes ces morts gâchées, ces morts sans Vie. Combien de fois ai-je vu les regards si las face à l'incompréhension des proches ou des soignants. Ils me disaient : Pourquoi ? Pourquoi dois-je à tout prix lutter, faire comme si ? Pourquoi mes proches, les médecins n'acceptent-ils pas de me laisser partir, c'est mon heure pourtant. À contrario ces mêmes regards exprimaient l'envie d'être et de faire encore, de retourner quelques temps chez eux même si la conscience de la mort inévitable était là.

La modernité préfère « le souverain bien »[19] qu'est la vie, même si elle s'apparente à une vie vide de sens. J'ai pu observer l'incroyable soumission de nos sociétés lors de l'arrivée du Covid. Tout sacrifier à la peur de mourir. Oser diviser la société entre essentiels et non essentiels. Sacrifier les relations pour se protéger du risque de mort. Culpabiliser les petits enfants pour protéger les grands-parents.

La richesse de l'accompagnement des mourants réside dans la mise à disposition de toutes nos compétences, et surtout de notre Présence pour offrir ce temps de la dernière chance de se sentir en-vie. Contrairement à ce que la propagande euthanasique laisse entendre, les soins palliatifs n'ont pas pour objectif d'être la « spécialité de la mort » mais un espace vivant et chaleureux. Le discours politiquement correct présente l'approche de la mort comme une horreur à biffer au plus vite. Trop dérangeant, trop long mais surtout beaucoup trop cher face à des administratifs héritiers de Picsou.

J'ai rêvé souvent d'être face à certains d'entre eux dans mon service. Pas très charitable, n'est-ce pas ?

Ce discours morbide et malsain doit arrêter d'être propagé dans la société. La mort, comme la naissance, peut-être douce à condition que nous ayons la sagesse de rester en présence attentive et aimante. Accueillir le tragique de

---

[19] Hannah Arendt

nos vies, comme nous le rappelle Michel Maffesoli, c'est nous ouvrir à cette dimension non maîtrisable.

Les derniers sondages nous disent que 87% des français sont en faveur de l'euthanasie. La page d'accueil de l'Association pour le droit de mourir dans la dignité nous montre à quel point nous sommes bien loin du Vivant.

« Il n'y a pas de principe supérieur dans notre République qui oblige les patients en fin de vie à vivre leurs souffrances jusqu'au bout… » nous dit-elle. Il est certain qu'il ne peut y avoir de principe supérieur en république puisque la mort n'a rien à voir avec « la chose publique » ou l'intérêt général. Et rien n'oblige les patients en fin de vie à souffrir, sauf justement le déni du collectif face à la mort. La fin de vie devient souffrance parce que la mort est rejetée, parce que l'amour s'absente face à la peur. Pendant 15 ans j'ai eu d'innombrables discussions à ce sujet, avec mes confrères, mes amis, les patients, les familles. Je respecte totalement l'idée qu'ils (elles), en tant que personnes, défendent le suicide assisté. Je refuse que la société et a fortiori ma profession, assume la responsabilité de donner la mort. Par contre je trouve parfaitement honteux que cette même société se positionne en faveur du « **droit** de mort » et mette si peu de moyens humains dans l'accompagnement des malades et des proches. Il est juste de se poser la question du coût économique et psychologique d'un tel accompagnement. Les témoignages de patients ayant décidé la mise en place d'une injection létale sont toujours dramatiques car ce qu'ils mettent en évidence c'est l'incurie de notre attitude face aux souffrances de la fin de vie.

La période que nous traversons nous met **face à l'échec absolu d'une vie contrôlée** et par là nous demande une réappropriation du tragique qui pour autant n'est pas dramatique. Dans notre société matérialiste et médiatique, tout est dramatique et les médias en ont fait leurs fonds de commerce. Nous n'avons plus d'informations mais des événements, des témoignages. Nous avons réduit l'universel au particulier et en perdant la notion de tragique nous avons, toujours, délaissé le sacré, le lien entre nous et au Plus Grand que nous.

La première leçon de la maladie est de nous confronter au tragique de notre finitude. Préserver l'espoir est une mascarade car ce n'est pas honnête et le patient le sent, le sait. Plus encore nous avons voulu éliminer le mystère de la mort. Lorsque le soignant, en l'occurrence souvent le médecin, cesse de vouloir rassurer, reste dans un accueil de ce que le patient lui-même veut ou ressent, la relation est alors alimentée par la confiance. Ce n'est pas plus au médecin de préserver l'espoir du patient qu'au patient de préserver l'espoir du médecin, espoir de pouvoir soigner, soulager, aider et peut-être trouver la recette de l'immortalité (qui n'est en rien le transhumanisme, mais la Transcendance). Et seule une relation authentique et sincère, une relation confiante des deux côtés pourra le réaliser.

Rester confiant dans ses ressources et ses capacités. En effet si le médecin veut entretenir ce fameux espoir, toute son attitude non verbale va le trahir et le patient inconsciemment saura que Son médecin a jeté l'éponge même si le discours présente le contraire.

La dimension d'espoir étant liée à celle de l'attente, c'est cette dimension que le médecin ou le soignant se doit d'explorer. Qu'attend le patient des soins qui vont lui être prodigués. Est-il confiant en ses ressources, ses compétences, en qui il est ? Le soignant est là pour répondre aux questions du patient qui sait, lui, où il en est. Combien de fois ai-je été interpellée par les équipes parce que le patient « ne savait pas », parce qu'il posait des questions aux soignants, rarement aux médecins, et que les soignants ne savaient pas quoi répondre.

Dans les formations nous apprenons l'écoute active, la reformulation… mais quelle attitude face à des questions comme : *Je vais mourir bientôt ? Je ne vais pas guérir, n'est-ce pas ? Est-ce que vous savez ce que j'ai… ?* Le patient ressent la gêne du soignant (ou la violence des mots) et qui dit gêne dit mensonge par omission. Et toutes les informations « éclairées » n'ont rien changé. Le patient va poser la question qui dérange à la personne qui, trop souvent, ne peut pas lui répondre. Le patient n'a pas envie d'être privé d'une relation essentielle et le trouble que ressent le soignant face à l'anxiété des patients transparaît immédiatement et souvent le malade se retire de la relation par déception. En un mot il se sent abandonné.

Angoisse existentielle majeure, parfois moins difficile que la peur de la souffrance et/ou de la déchéance. Malheureusement l'état actuel du système de soin maltraite de plus en plus les malades. N'est-on pas maintenant prévenu par certaines directions d'hôpitaux de libérer les chambres au plus vite « pour donner la place aux autres »… c'est ainsi que la mère d'une de mes amies s'est retrouvée, déposée comme un paquet par l'ambulancier devant chez elle à 2h du matin. À plus de 80 ans et handicapée.

Dans toutes les philosophies, orientales, grecques, religieuses ou pas, la dimension de l'attente est toujours pointée du doigt comme quelque chose de négatif. C'est le fameux carpe diem.

Le moment de la mort échappe à Kronos seule dimension du temps aux commandes dans les services de soins. C'est pourtant Kairos qui est notre ami en ces moments si précieux. L'opportunité de la présence à l'Autre.

Comment sortir de la prison dans laquelle nous a enfermé la doxa de l'urgence, particulièrement au moment de la mort ?

Par l'Espérance. Encore une fois nous sommes face à la différence entre être et avoir. Nous avons espoir en quelqu'un ou en quelque chose. L'espoir est de l'ordre de l'émotion ou de la passion. **L'espérance est la confiance pure et désintéressée en l'avenir.** Elle ne s'éteint pas avec l'échec, elle s'inscrit dans un temps long (infini, EON) et porte la dimension de la Transcendance.

Comme en écho, je « tombe » sur une interview d'Edgard Morin dans laquelle il nous rappelle que *l'Espérance c'est l'Improbable*. Il est évident que sous le règne du scientisme et de l'EBM[20], l'impossible-à-prouver n'a pas de place.

Certainement, vous lecteurs de ces lignes serez tentés de penser que je fais référence au judéo-christianisme, aux

---

[20] Evidence Based Medicine

vertus théologales que sont l'Espérance, la Foi et la Charité. Et donc de vouloir balayer d'un revers de main la présence de cette vertu dans le domaine du soin.

Tout d'abord l'espérance est aussi présente dans de nombreuses spiritualités, comme le taoïsme qui nous rappelle que « *le succès est aussi dangereux que l'échec. L'espoir est aussi vain que la peur.* » (Tao Te King, 13)

L'espérance est sœur de la confiance, pas d'avoir confiance mais d'être confiant. Vivre, c'est être confiant. Confiant en ses ressources, confiant en ses intuitions, confiant en l'inconnu, confiant en cet Autre qui nous dépasse. Sans cet *être confiant* nous sommes en survie et donc en résistance, en défense, en contrôle. Demander à quelqu'un d'avoir confiance est une posture que je qualifierai de chantage affectif. Vous vous souvenez certainement de vos jeunes années quand les parents vous laissaient sortir le soir en ajoutant : *je te fais confiance…* sous-entendu : *tu fais ce que je veux et que je pense être correct*. Pas très juste n'est-ce pas ? J'ai bien connu ce chantage et j'aurai grandement préféré que ma mère me dise : *Je suis confiante en ton discernement, en tes valeurs, en tes ressources*. Cela m'aurait évité quelques épisodes de culpabilité, au profit du chiffre d'affaires de mes thérapeutes…

C'est cette confiance en soi, en l'autre, en ce qui nous dépasse, comme le dit Denis Marquet, qui peut nous montrer le chemin de l'espérance.

Que peut nous amener l'espérance face à un patient ? Je dis bien nous amener à nous soignants, pas seulement au patient. Où en sommes-nous en tant qu'être humain par rapport à l'espérance ? Nous sommes–nous seulement posés la question ? Où est-ce que je mets mon espérance, vers qui ? Suis-je capable de me redresser, de me verticaliser pour ouvrir mes bras, mon cœur et ma conscience à ce qui m'échappe dans le mystère de la relation à l'autre, au Tout Autre ?

Ou ai-je oublié l'espérance au profit de l'in-conscience ? Nous sommes face à l'essence même du soin, qu'il soit médical, parental, enseignant.

Prendre soin, c'est avant tout résonner à l'espérance et l'amour.

Au service de quoi, de qui ?

Alors que faire et qui pourrait faire changer les comportements et les actions absurdes dans le soin ?

Au risque de me faire un certain nombre d'ennemis, ce sont les médecins. Eux seuls, clés d'entrée dans le système, ont les connaissances et le pouvoir (dans le bon sens du terme) pour faire changer les habitudes.

Raisons pour lesquelles les politiques veulent les supprimer. Il suffit de lire les orientations du dernier PFLSS : Projet de loi de financement de la sécurité sociale. Comme tout document technocratique, outre le fait qu'il est indigeste, nous pouvons lire entre les lignes que le médecin va être écarté de plus en plus des soins de première ligne (les tests RT-PCR et les vaccins réalisés en pharmacie sans examen clinique en sont un premier exemple). Avec comme justification la désertification médicale que nos penseurs parisiens oublient de rattacher à leur décisions politiques totalement absurdes depuis bientôt 40 ans. Tous partis confondus.

Et depuis de longues années il faut aussi passer sous les fourches caudines du sacro-saint Principe de Précaution. Que l'on peut traduire : « Ouvrons le parapluie en respectant à la lettre les préconisations et protocoles. Les assurances, les instances et l'Ordre veillent. Gare aux contrevenants. Vous voulez soigner, soulager, accompagner mais uniquement sous le regard « bienveillant » des juristes de tous poils.

Leur positionnement de soumission aux instances, leur peur du procès, leur manque de prise de responsabilité sont autant de freins aux changements dans le domaine de la santé et du soin. Il nous faut reconnaître que les pressions de la société, des lobbies n'arrangent rien. La société est malade, d'une maladie chronique et mortelle : la financiarisation avec son effet indésirable : la corruption à tous les étages.

Voilà une maladie qui ne peut être traitée que par la prise de conscience que l'argent n'est pas le moteur d'une société en pleine santé, tout juste un carburant. Mais à force d'entendre qu'il faut gagner sa vie …

D'autant plus que les médecins, et les soignants en général, sont les boucs émissaires tout désignés puisqu'ils ne peuvent pas soigner les maux les plus terribles : la pauvreté, l'ignorance, le mépris. Au contraire nous participons nous aussi à ces fléaux[21]. Comment ne pas se révolter devant le peu d'authenticité des relations entre le médecin et la personne atteinte d'une maladie ? Nous tournons en rond : violences des soins, absence de prendre soin, violences en réponse de certains patients, procès, etc. La

---

[21] Sur ce sujet James Davies vient de publier un ouvrage hélas non traduit en français : Sedated qui fait suite à Cracked et s'interroge sur les causes de l'inflation des troubles mentaux dans les sociétés occidentales. NDA

société a oublié que le soignant n'est pas dans l'obligation de résultat, mais dans une **obligation de moyens** et c'est bien là que nous n'avons pas fait ce que nous devons. Mettre tous les moyens au service du soin, pas de Big pharma.

Et nous, soignants, nous mettre aussi au service du soin ! Pas au service du patient mais bien de la relation qui alors deviendra soin.

Se mettre au service, encore une notion obsolète, ringarde. Tout service doit se payer n'est-ce pas ? Se mettre au service demande de savoir d'abord quel service nous est demandé. Encore une fois il ne s'agit absolument pas d'une prise en charge mais d'un partenariat avec les patients. Chacun face à sa respons-abilité. Sa capacité à répondre de lui-même, de l'autre, de la relation, de l'expérience vécue.

Mais l'image du sacrifice de soi est encore bien présente et hélas valorisante dans le monde des soins. Les soignants sont aaaadmirables n'est-ce pas ? On les applaudit pour ensuite les suspendre sans que cela fasse réagir grand monde.

Il est impossible d'accompagner les personnes sur un chemin de santé lorsque nous ne sommes pas capables d'établir une relation de confiance et de partenariat, avec nous-mêmes, avec les autres soignants et avec les patients.

Corps souffrant

*L'homme entend tous les cris d'angoisse de l'Univers et il
doit y faire naître la douceur, mais s'il échoue,
Il en cause le pourrissement.*
Dialogue avec l'ange, entretien 34. Gitta Mallasz

Patient, malade etc.

C'est volontairement que je parle de corps souffrant plutôt que de malade ou de patient. La souffrance n'a rien à voir avec la présence ou l'intensité d'une pathologie. Souffrance n'est pas douleur. La première est du registre psychique, émotionnel. Souffrir est synonyme de supporter, endurer, résister.

La seconde selon la définition de l'OMS : une expérience sensorielle et émotionnelle désagréable, liée à une lésion tissulaire existante ou potentielle, ou décrite en termes évoquant une telle lésion.

Que l'on souffre et/ou soit douloureux, le ressenti est subjectif lié à nos expériences passées, donc à notre mémoire, et à nos croyances sur « le mal ». Il est important de réaliser que depuis des siècles, le mal qui nous atteint est extérieur à nous, du virus au mauvais œil. Nous sommes victimes d'un adversaire contre lequel nous devons nous battre. La lutte devient perverse quand nous nous battons contre nous-mêmes. Mon corps me trahit ! Comme si ce corps ne nous appartenait plus. Il devient l'ennemi.

De victime d'un mal extérieur à victime de notre corps, nous sommes définitivement victimes de cette fichue maladie et nous avons désespérément besoin d'un sauveur : le soignant et ses armes fatales : les traitements (chirurgicaux et/ou médicamenteux).

Plus nous nous vivons comme victimes, plus nous souffrons. Voilà l'origine du mot patient : celui qui endure, qui supporte.

Les termes politiquement corrects d'usager ou de client ne sont guère plus engageants. Mais dans une société friande de classification, pour ne pas dire d'étiquetage (de marquage), il faut identifier ce qui est bon ou mauvais, ce qui essentiel ou inutile, ce qui est malade ou sain (t ?).

Comme le patient supporte et qu'il est victime de SA maladie, il est normal qu'il supporte toutes les agressions et malveillances d'un système qui, pour se présenter comme sauveur, devient rapidement bourreau.

J'ai été formée à l'analyse transactionnelle et ai pu longuement réfléchir à la puissance des jeux relationnels du triangle dramatique proposé par Stephen Karpman en 1968. Lors d'un échange si l'un des interlocuteurs *joue* le rôle de victime, il incite l'autre à se positionner en sauveur ou en persécuteur.

Je me dois de reconnaître que j'ai succombé à l'attrait de ces différents rôles, tout à tour sauveur dans l'aide que j'apportais, persécuteur quand j'étais incapable de poser mes limites et victime de toutes les vilenies que j'ai eu à traverser. Mais encore une fois j'en assume les errances et leurs résultats. C'est avec amour que, les regardant, je propose de sortir enfin de la victimisation liée à la maladie. Cet échappement de la prison de notre petit moi drapé dans nos certitudes et notre dignité de victime peut ouvrir la porte à des soins enfin adultes et responsables. Mais saurons-nous accueillir l'expérience de la maladie dans ce qu'elle nous apprend de nous, de l'inconnu en nous ?

Patient au centre ?

Le "monde de la santé" répète jusqu'au dégoût qu'il faut mettre le patient au centre du système de soins, la réalité m'oblige à constater que c'est la maladie et ses profits qui trônent sans partage. Je suis certaine que je ne vous apprends rien.

Belle manipulation ! Lorsque j'assistais à des formations ou que je lisais les recommandations, toujours le même refrain : Le patient acteur, le patient au centre. Ces injonctions n'ont bien entendu aucune réalité mais permettent à nos administrateurs chéris de maintenir la pression alors qu'ils amorcent, chaque jour, des bombes qui ont peu à peu tué la confiance et les compétences.

Comment croire que le patient est au centre d'un système qui diminue drastiquement les budgets, qui s'organise pour pressurer les professionnels, supprime des traitements pour les patients plus âgés, planifie la pénurie ? Comment imaginer que le patient est respecté puisque le système ne respecte pas ses soignants et que les patients eux-mêmes dans leur passivité ne se respectent pas en acceptant les temps d'attente, les absences des médecins, le turn-over des soignants ? Comment penser patient avant tout lorsque j'apprends au hasard d'un couloir que pour

« une bonne gestion des ressources humaines » les prises de températures se feront à 5h30 du matin, en réveillant brutalement la personne *"Bonjour, je viens prendre vos constantes"*, même auprès de patients en soins palliatifs ?

Être malade n'est qu'une expérience, un événement dans nos vies. Le système de soins tout entier n'a aucun respect de la personne malade. Par système il faut entendre les soignants et les patients eux-mêmes mais aussi les gouvernements successifs, les administrations, les tutelles (nous sommes soignants et soignés sous tutelle !), les associations de malades. Sans oublier les entreprises du médicament.

Mettre le malade au centre du système, c'est se positionner comme un entomologiste regardant un papillon épinglé sous un microscope. Le patient n'est en aucun cas un partenaire de soins. On fait, on pense, on sait ce qui est le mieux pour lui et malgré quelques recommandations hypocrites : l'obligation d'annonce, les directives anticipées... nous ne faisons pas **avec** lui.

Ce qui est au centre du système de soins (et non pas de santé) c'est la maladie et les milliards de profit qu'elle génère, pas la personne. Toute l'ambiguïté, tous les abus viennent de cette erreur d'appréciation. Toute l'attention de nos tutelles et administrations est entièrement tournée vers les économies. Toujours moins pour gagner plus. Pas de vision, pas de projet cohérent.

Enfin quand je dis économiser, encore faut-il s'entendre sur ceux à qui profitent le crime. Les prix faramineux d'un grand nombre de médicaments sont une dépense qui n'est jamais remise en cause. J'écris ces lignes dans la folle épidémie de Covid : depuis plus de 4 ans les directives politiciennes ont permis une augmentation pharaonique des profits pharmaceutiques. (Pfizer et co°) mais aussi des laboratoires d'analyse et des pharmaciens, ... et de certains confrères adeptes des injections tous azimuts.

L'organisation des soins est complètement absurde, aucun effort de rationalisation réelle. Rogner sur le personnel, sur la qualité des repas, sur les médicaments pas assez rentables. Mal rémunérer les soignants, laisser dériver le navire vers les eaux nauséabondes des conflits d'intérêt, des dépassements d'honoraires, instaurer une médecine à plusieurs vitesses. La liste est longue de toutes les errances liées à l'idée mensongère de « combler le trou de la sécu ». La liste des absurdités est interminable.

En 2011, Nicolas Perruchot, parlementaire, a remis un rapport particulièrement dérangeant sur le financement des syndicats. Il est mis sous scellés pour 25 ans. Curieusement il ressort en 2020 et le magazine Le Point le publie en intégralité[22]. Et dire que depuis plus de 30 ans les soignants inconscients et les patients dépensiers sont accusés de creuser chaque jour un peu plus un trou dont ils ne sont nullement responsables. Pour l'état (et ses sbires) et les syndicats, la tentation est trop belle de faire payer les cotisants.

---

[22] https://www.lepoint.fr/economie/argent-des-syndicats-le-rapport-interdit-16-02-2012-1431943_28.php

"Drôle" de parcours

Parmi les grandes « innovations » inventées par nos instances sous le prétexte de mieux accompagner les patients, il y a le fameux parcours de soins dont la définition est un modèle du genre technocrate :

Le parcours de soins coordonnés, institué par la loi du 13 août 2004, a pour objectifs de faire bénéficier chaque usager d'un suivi médical coordonné, d'une gestion rigoureuse du dossier médical et d'une prévention personnalisée.

Chaque fois que j'entends un professionnel prononcer ces mots je ne peux m'empêcher de voir deux images : celle d'un labyrinthe dans lequel un rat essaie de trouver son morceau de fromage et celle du fameux parcours du combattant si cher à nos instructeurs militaires. Car ce soi-disant parcours, censé simplifier la « qualité » des prises en charge, côté patient autant que soignant, n'a vraiment rien d'une balade de santé. Et pourtant j'y ai cru, j'y ai même participé en mettant en place le dispositif d'annonce censé justement accompagner les patients sur le chemin vers la guérison.

Les deux représentations que je vous propose sont à la hauteur de ma déception.

Tout d'abord qui dit parcours, dit objectif, carte, territoire etc. Quel est donc le but de la balade. Mais voyons, quelle question ! C'est la guérison bien sûr. Quelle guérison ? Celle de la maladie présente, celle du stress chronique ou de mon extrême sensibilité à la bêtise ?

Admettons ! L'objectif est donc : « guérir ».

Le territoire à traverser va donc être celui des soins et du prendre soin et plus largement pour le malade son territoire de Vie. Pour ce qui est de la carte, les itinéraires varieront en fonction des lieux de soin, des ambitions et jeux de pouvoir des responsables et des compétences soignantes. Quant aux différentes étapes proposées, les fameuses conférences de consensus et autres réunions de concertations pluridisciplinaires, elles dépendront avant tout de la puissance des lobbies pharmaceutiques et des préconisations des sociétés savantes et de l'UE.

Lors de mon arrivée dans le service de médecine et de soins palliatifs j'ai demandé à un des oncologues si je pouvais assister aux réunions de concertations organisées pour les patients que j'accompagnais : *il n'en est pas question et de toute façon tu n'y comprendrais rien !* Donc me voilà « informée », peu importe que je puisse faire remonter les réflexions et demandes des patients qui eux aussi sont éjectés de ces réunions qui imposent les décisions concernant leur prise en soin. Les médecins traitants ne sont pas non plus invités, je suppose qu'ils ne comprendraient rien !

Lors de la mise en place de ce dispositif dans un service de cancérologie, croyez-vous que les oncologues et radiothérapeutes se soient intéressés à la réflexion autour de ce qui permettrait une plus grande qualité des prises en soins. Que nenni ! Nous avons donc produit un petit livret avec les infirmières et manipulatrices radio, particulièrement esthétique d'ailleurs, afin d'expliquer les étapes des soins et les informations sur les « bons gestes » et les effets indésirables aux patients (on disait autrefois complications mais la novlangue est passée par là). Ouf ! Nous étions dans les cadres. Ah ! J'ai oublié de vous signaler que le dit livret a été imprimé grâce à Big Pharma. Pour ma part lors de ma prise en soin, je n'ai reçu qu'une photocopie de l'agenda de mes rendez-vous. Sûrement parce qu'en tant que médecin j'étais censée tout savoir…, Ha, Ha, Ha !

Et le patient ? La demande des associations de patients est très claire : faire du patient un acteur des soins.

Définition du mot acteur *par le Larousse :*

1-Personne dont la profession est d'être l'interprète de personnages à la scène ou à l'écran ; comédien.

2-Personne qui participe activement à une entreprise, qui joue un rôle effectif dans une affaire, dans un événement.

Alors sommes-nous, patients, si patients, de simples interprètes ou participons-nous activement à ces événements de vie que sont la maladie et les soins ? Cette distinction me fait penser à une blague quelque peu cynique autour des mots concerné et impliqué : au petit déjeuner, lorsque nous dégustons un œuf au bacon, nous pouvons avoir une pensée émue pour le cochon qui lui est impliqué à la différence de la poule simplement concernée.

En tant que patient nous nous retrouvons exactement dans la même situation que … le cochon. Les soignants, eux, ne sont que concernés. Pour ce qui est de participer c'est certain, bien obligés ! Mais cette participation est-elle réellement la prise en main, la responsabilité de nos soins ? Il est à craindre que les malades ne soient que les interprètes d'une partition (ou d'une pièce) écrite par nos instances et lobbies préférés, qu'ils ne savent pas lire et que les soignants leur dictent au jour le jour sans même forcément la comprendre eux-mêmes.

C'est ce que je ressens malgré mon « savoir » face à ce qui n'est qu'un ramassis d'injonctions péremptoires et/ou contradictoires. Il FAUT vous laisser soigner. Le trop fameux *Daemon Do*. Le démon familier du « il faut faire », de la « bonne conscience » (j'ai baptisé le mien Jiminy Cricket copain de Pinocchio). Sauf que peu de gens connaissent la traduction du mot daemon qui outre démon est aussi l'acronyme de Disk And Execution MONitor.

"Un daemon désigne un programme informatique ou un processus qui n'est pas contrôlé par l'utilisateur et qui s'exécute en arrière-plan. Le rôle principal du daemon consiste à apporter une réponse à une ou plusieurs requêtes d'un réseau, d'un matériel ou d'un programme. Les daemons opèrent lors du démarrage d'un ordinateur et lors du chargement d'un système d'exploitation".

Intéressant n'est-ce pas ? Autrement dit vous avez le sentiment de prendre des décisions, de participer, d'être acteur de votre santé mais des programmes s'exécutent tranquillement en arrière-plan. Nous pourrions faire un parallèle avec le surmoi cruel, aveugle et sourd, orienté uniquement vers le respect des normes !

Revenons au parcours de soins. Le malade a-t-il vraiment programmé le GPS ou se laisse-t-il conduire en espérant que le trajet a bien pour objectif la guérison ? La priorité étant bien entendu de programmer correctement ce GPS et donc de (se) poser les bonnes questions et de recevoir les bonnes informations. Et là le moins que je puisse dire c'est que ce n'est pas gagné.

Les demandes essentielles des associations de patients sont toutes dirigées vers un véritable partage d'informations. Très peu vers un partage de responsabilités même si elles veulent que le malade soit véritablement acteur des soins. La première de toutes les informations est bien entendu l'annonce de la maladie surtout dans le cas de maladie chronique dont le décours est susceptible d'impacter durablement la qualité de vie des patients.

Donc voilà le patient lambda face à un territoire inconnu, fléché en fonction des Hautes instances et tenant en main une carte digne du XIVème siècle, contours imprécis, positionnements aléatoires etc. Soyons clairs, le parcours de soin est, avant tout, tracé pour les soignants afin d'organiser le déroulement des soins. Une appli logistique. Pire encore une appli destinée à mettre les professionnels à l'abri de représailles juridiques. Tracez, tracez, il en restera quelque chose … devant la barre !

Il suffit de regarder les rares documents remis aux patients : des agendas dans lesquels sont inscrites les consultations, les prises de sang, les horaires de traitements, les aliments à éviter, les recettes pour les effets indésirables. Mais quid des changements d'altitude, des petites auberges, du kilométrage… bref tout ce qui fait aussi un parcours de vie. Et ce ne sont pas les inventions marketing comme Octobre Rose[23] ou la mise en place de « soins esthétiques » qui changeront la donne.

Prendre part à cette organisation est pratiquement impossible au malade. Tout d'abord il faudrait une véritable annonce c'est-à-dire un temps d'informations détaillées, sur plusieurs consultations afin de permettre à la personne malade de faire ce que, pompeusement et hypocritement, il est appelé un choix (ou des choix) éclairé(s). Puis que le patient soit écouté et respecté dans ses rythmes, ses besoins, ses envies, ses goûts etc. Mon annonce a été faite par l'interne de garde, cinq minutes, montre en main.

Dans les textes, si nous prenons la mise en place du dispositif d'annonce tout est parfait, idem pour le fameux « projet de vie » dans les EHPAD. Les récents scandales dans les maisons de retraite nous montrent bien que l'esprit n'est pas la lettre ni l'action.

Il est donc évident que la mise en place des parcours de soins n'est finalement qu'un pansement sur une jambe de bois comme disait ma grand-mère. Encore un tour de passe-passe pour donner l'illusion d'une personnalisation des soins.

Comment imaginer une médecine personnalisée dans un système en déshérence entièrement soumis aux exigences européennes elles-mêmes sous influence des lobbies pharmaceutiques et des grands argentiers ?

---

[23] Association créée par la maison Estée Lauder et le journal Marie Claire. NDA

Ce fameux parcours serait donc tracé pour personnaliser les prises en soins et en lien avec le consentement libre et éclairé du patient. Les polémiques toujours actuelles autour des vaccins et des traitements du Covid 19 (pour rappel, Co pour Corona, Vi pour virus, D pour disease) font, toutes, référence à ce consentement. Un scandale absolu au regard de l'absence d'informations sur le contenu des injections et sur les formulaires présentés aux patients comme "consentement éclairé" qui mettent surtout les labos et les instances à l'abri de représailles judiciaires.

Choix... vous avez dit choix ?
Biarre...comme c'est bizarre !

Choisir nécessite d'avoir plusieurs alternatives. Chaque médecin a Ses pratiques et va donc très souvent proposer au patient ce qu'il a l'habitude de faire, les thérapeutiques qu'il connaît le mieux, le dernier protocole à la mode ou pire parfois le médicament du représentant de l'industrie pharmaceutique qu'il aura récemment rencontré dans son bureau ou dans une formation continue.

Nous l'avons vu la médecine n'est pas une science exacte, pas une science tout court mais une praxis. La part du thérapeute dans la décision est donc très importante et biaisée par ses connaissances ou ses croyances. Et en regard les croyances, les préjugés, les convictions du patient vont orienter ce qu'il pense être son choix.

Ces choix basés sur des processus mentaux ne font pas confiance aux ressentis, aux sensations qui sont pourtant les balises de notre chemin vers notre être intérieur, libre de toutes nos représentations, des il faut, je dois, etc.

Libre vraiment ?

Il s'agit là de se sentir libre. Ce ressenti demande une connaissance et une conscience qui sont mises à mal par la peur de la maladie et de la mort. Peut-on se sentir libre lorsque tout à coup la prise de conscience de notre finitude vient effracter notre quotidien ?

La liberté est sœur jumelle de sérénité, de conscience, de confiance. Peu de personnes malades au moment de prendre une décision « vitale » se sentent vraiment libres. Nous entendons plutôt : *ai-je le choix* ? Ce à quoi les soignants répondent : *bien sûr vous avez le choix, MAIS...* et c'est ce mais qui piège le malade. Derrière ce *mais* se cachent des protocoles, des préconisations, des statistiques qui ne sont bien entendu jamais à l'avantage de la liberté de choix mais plutôt destinés à dire au patient que compte tenu de la maladie, il vaut mieux filer doux.

Combien de fois nous, patients, nous avons entendu : *Vous êtes guéris mais par précaution, pour respecter les préconisations de nos instances, il serait préférable que vous fassiez tel ou tel traitement, telle ou telle intervention, que vous terminiez le traitement, etc.*

Lors d'une consultation avec le confrère qui me soignait, je n'ai pas pu résister à lui demander si j'avais une tête de préconisation. Petit rire gêné.

Garder un certain recul face aux émotions du patient est une saine attitude mais se camoufler derrière les protocoles sans écouter et ressentir ce que vit le patient est la meilleure façon de rompre la relation. Et donc de faire fi de notre liberté d'être.

Et nous arrivons à l'éclairage, un choix libre et éclairé.

Éclairé par quoi, par qui ? Par les informations apportées par les médecins et par les infirmières référentes. Mais quelles sont-elles ces informations : du côté des médecins des résultats statistiques et des modélisations accouchant les fameuses préconisations, du côté des infirmières une liste sans fin d'effets secondaires. Peut-on alors parler de choix éclairé ?

Éclairé est une question de conscience, vous êtes dans un endroit sombre où toute forme a disparu et brutalement quelqu'un allume la lumière. Vous êtes d'abord éblouis et il faut quelques minutes pour que les choses présentes reprennent formes et places. C'est exactement ce qui se passe lorsqu'on vous submerge d'informations sans vous laisser le temps d'ajuster votre vision. Il est bien question d'ajuster, de faire le point et cela demande du temps. De l'écoute de vos ressentis. Ce que le système de soins ne vous donne pas : time is money ![24]

---

[24] *Le temps c'est de l'argent*. Benjamin Franklin. L'expression rend ces deux notions substituables.

À aucun moment quiconque ne se pose la question des ressentis. Car bien entendu ce que ressent le malade ne peut pas être retenu comme faisant partie des critères de choix. Personne ne demande ce qu'il veut, comment il comprend ce qui lui arrive, quel sens il donne à cette expérience dans le cours de sa vie. Pendant plus de 20 ans, j'ai entendu les témoignages de patients qui tous m'ont fait part de leur incompréhension face aux dictats médicaux et/ou soignants.

Et médecin ou pas, malade ou pas, nous ne savons que ce que nous ressentons.

Le savoir n'est pas la connaissance et encore moins l'expérience.

Un certain nombre de malades se lancent alors sur Internet pensant trouver les soutiens et explications miracles. C'est risqué mais un premier pas vers une forme de prise de responsabilité. La plupart du temps les forums sont, au mieux, saturés d'informations imprécises ou, pire, complètement délirantes ou violentes notamment contre ces « salauds de médecins qui ne comprennent rien ». Et lorsque vous allez sur les sites institutionnels comme celui de l'INCa (Institut National du cancer) vous vous apercevez très vite que le « politiquement correct » médical est partout présent.

La médecine est affaire de relation, de confiance. Pas seulement de confiance du malade envers le médecin mais aussi de confiance du médecin envers le malade. C'est bien là que le bât blesse.

Un parcours que la personne se doit de suivre, sans savoir vraiment par qui et vers où est programmé le GPS.

Face à un territoire tellement vaste, ils (elles) vivent la traversée du désert. Tout ramène à avancer les yeux bandés. J'étais bien entendu consciente de tout cela lorsque j'étais soignante, mais il y a un pas de géant à franchir quand on *passe de l'autre côté*. Franchir ce fossé entre savoir, ressentir, expérimenter pour co-naître.

Bien entendu loin de moi l'idée que les soignants doivent tous expérimenter les maladies qu'ils prennent en charge. Simplement ils peuvent être confiants dans le ressenti du patient et peut-être oser se souvenir de leur propre vécu et ne pas avoir peur de leurs *fantômes*.

Le parcours de soin a comme objectif institutionnel de personnaliser le soin. Comment peut-on personnaliser si personne ne pose la question du ressenti. Nous psychopathologisons tout et n'importe quoi. Si le patient pleure c'est qu'il a certainement mal ou qu'il est même déprimé. Et si tout simplement, il réalisait qu'il n'est pas tout puissant. Que tout à coup, face à la maladie grave, la réalité de la finitude se montre dans toute sa difficulté. Presque chaque matin lorsque j'entrais dans le service de Soins Palliatifs, les soignants me demandaient d'aller voir tel ou telle patient(e) parce qu'il (elle) ne voulait plus manger, ou parler, se laver… *Il faut que tu le (la) vois, c'est sûr il (elle) est déprimé(e)*. Alors je rentrais dans la chambre, je m'asseyais et demandait simplement si je pouvais lui prendre la main. Accepter alors le silence qui dit tout : la détresse, la peur, le chagrin. Les larmes qui me rappellent les phrases si puissantes de Charlotte dans le Werther de

Massenet[25] : *Les larmes qu'on ne pleure pas dans notre âme retombent toutes et de leurs patientes gouttes martèlent le cœur triste et las...*. Être simplement là, en cœur à cœur quelques minutes. En recroisant le soignant, un peu plus tard j'avais toujours droit à :

— *Qu'est-ce que tu lui as donné, elle (il) est plus calme...*
— *Juste du temps, le temps dont (il) elle avait besoin.*

Vous imaginez sans peine la tête interloquée de mon interlocuteur(trice).

Puisque nous parlons de ressenti, la grande croyance dans le « système de maladie », est qu'il faut garder le moral pour guérir... même à la dernière extrémité.

Quel moral d'ailleurs ? Celui du patient ou celui des médecins ou infirmiers ? S'agit-il de moral ou de morale ?

Moralement il est certain que le manque de prise en compte de ce que ressent le patient, le manque d'écoute, le besoin de savoir à tout prix sont autant de comportements qui n'ont rien à voir avec la morale ou l'éthique. Ce moral dont ils parlent, c'est encore une fois la volonté de se battre pour vaincre la maladie. C'est aussi garder « l'attitude positive qui convient : être courageux, compliants bref être de "bons patients ».

Ce bon patient tellement rassurant pour les soignants qui alors peuvent tranquillement continuer à appliquer les « bons » protocoles pour ouvrir les « grands

---

[25] Werther est un drame lyrique en quatre actes et cinq tableaux de Jules Massenet, inspiré du roman épistolaire de Goethe, Les Souffrances du jeune Werther. Wikipédia

parapluies » qui éviteront de se retrouver devant les tribunaux et/ou les conseils de l'ordre.

Un bon patient pour moi est un patient qui connaît ses limites, est au clair avec ses ressentis et réfléchit à donner du sens à l'expérience qu'il traverse. Un patient qui va déranger par des questions qui fâchent : *Vais-je mourir bientôt ? J'ai besoin d'un autre avis, je refuse ce traitement* etc. Bref un patient qui prend la responsabilité de **sa** santé et de **sa** vie.

Incroyable et profondément humain car la réalité de notre finitude atteint aussi les soignants. C'est d'ailleurs cela qu'ils nient, le réel, pour se réfugier dans une sorte de culpabilisation rampante qui laisse le malade au bord du chemin. Seul et désemparé.

C'est une vidéo du Conseil Scientifique Indépendant initié par le collectif Réinfocovid et plus précisément l'intervention du Pr Michel Maffesoli qui résume parfaitement la bascule que le malade, et maintenant la société, doit opérer : passer du dramatique au tragique. Le drame trouve une solution, une résolution alors que le tragique est aporique, il n'a pas de solution, il faut faire avec et dans le cas de la maladie grave faire avec la mort qui peut être proche. En réalité c'est l'humain, quel que soit son état de santé qui doit accepter le tragique la Vie.

La grande maladie du soignant est bien de refuser avec force le faire avec. Nous en avons un exemple incroyable avec l'épidémie du Covid. Il faut à tout prix résoudre, éradiquer alors que nous savons bien qu'aucun vaccin ne viendra à bout du petit couronné. Il nous faut faire avec et donc soigner la maladie déclarée et sortir du « sans risque » permanent. Et faire avec ne s'arrête pas seulement à l'événement lui-même mais inclus aussi la personne. Faire avec le réel de l'événement et de la personne.

Clairement de nombreux confrères s'en lavent les mains. *"Vous ne voulez pas être "raisonnable ou soumis(e), vous nous mettez face une responsabilité que nous ne voulons pas assumer alors débrouillez-vous".* Encore une fois je me demande comment font les patients qui ne sont pas soignants et qui n'ont pas le minimum d'informations pour pouvoir prendre une décision « éclairée ». J'ai passé mon temps d'hospitalisation à le répéter en boucle que ce soit lorsque les soignants me donnaient des médicaments sans leur emballage (régulièrement ils ne m'étaient pas destinés) ou quand une infirmière voulait à tout prix me passer un traitement qui clairement n'était pas le "bon" : *mais vous n'allez pas m'apprendre mon métier !*

Vous apprendre, Madame, Votre métier n'est pas de mon ressort, prendre soin de Ma santé est de mon fait !

Après 10 minutes de refus de me laisser faire, elle est partie furieuse... et une de ses collègues est venue mettre en place le traitement correct, en s'excusant. Que ce serait-il passé si je n'avais pas vérifié, si je n'avais pas eu un minimum de connaissances.

D'ailleurs la décision ne peut être éclairée que si elle est basée sur ce que les ressentis indiquent comme limites acceptables par notre corps et notre psyché. C'est le seul éclairage possible puisque toutes les autres informations sont identiques pour tout le monde.

Dernière trouvaille, la médecine personnalisée ne jure plus que par la génétique. Voilà la seule personnalisation vraiment prise en compte parce qu'elle est scientifique, objectivable, mesurable et surtout monnayable. Quels efforts la société fait-elle pour écouter et accompagner les attentes et les besoins des patients ? Bien entendu les dimensions de l'épigénétique sont passées sous silence. Unique vérité : c'est le plus grand nombre qui prévaut !

Guérir

La conscience lucide du fait que guérir n'est pas revenir, aide le malade dans sa recherche d'un état de moindre renonciation possible, en le libérant de la fixation de l'état antérieur. [...] Apprendre à guérir, c'est apprendre à connaître la contradiction entre l'espoir d'un jour et l'échec, à la fin. Sans dire non à l'espoir d'un jour. Canguilhem [26]

---

[26] G. Canguilhem, "Une pédagogie de la guérison est-elle possible ?", Nouvelle revue de psychanalyse, n° 17, printemps 1978,

Canguilhem, philosophe, médecin, résistant de la première heure, a bâti toute son œuvre autour des grandes interrogations qui nous occupent durant nos vies. Son ouvrage majeur "Le Normal et le Pathologique" devrait faire partie des lectures essentielles en médecine. À condition bien entendu que la curiosité, la connaissance redeviennent des priorités. Nous en sommes bien loin.

Beaucoup de personnes *en maladie* (et moi la première !) pensent en effet que guérir signifie revenir à la condition antérieure. Or si la maladie est une expérience, guérir ne peut être que tirer la leçon de cette expérience, c'est-à-dire être déplacés au regard de nos certitudes passées. Il est **vital** de considérer la maladie comme une épreuve sur laquelle nous appuyer pour donner du sens afin de prendre sa place dans notre parcours de vie.

Cette tentation du retour à la "vie d'avant" nous l'avons tellement entendue ces deux dernières années. Elle est la marque de notre impossible accueil de ce qui se passe encore aujourd'hui. Impossible car bouleversant fondamentalement nos repères. Toute épreuve rebat les cartes d'un jeu que nous croyions immuable. Il peut s'agir de la maladie comme d'un deuil, d'un divorce, d'un viol, d'un attentat, de maltraitances, etc.

Tout ce qui traumatise nous satellise.

Au sens premier du terme, nous fait sortir de l'orbite connue de nos vies. Nous voici donc dans l'espace, plus de gravité, plus de haut et de bas, le vide, le noir, le silence. Rien pour se raccrocher. Et le discours lancinant :

Ne t'inquiètes pas tout va rentrer dans l'ordre. Mais de quel ordre s'agit-il ?

L'expérience, c'est ce qui nous protège de la fascination pour la certitude, du besoin maladif de certitudes, c'est ce qui fait comprendre que connaissance, incertitude et faillibilité travaillent de concert, et l'obligation d'expérience, de vivre le savoir, de le ressentir, de l'expérimenter, de tenter de le reproduire, nous permet de consolider des étapes malgré un sol plus que mouvant.

La maladie nous invite à nous penser comme vulnérables, elle fait exploser ce besoin maladif de certitudes et donc de l'illusion de contrôle. <u>Guérir passe par cette étape incontournable de destruction de nos comportements de survie.</u> Tous ces comportements que nous avons mis en place depuis notre enfance pour nous protéger du manque d'amour inconditionnel.

Il peut sembler paradoxal de lier l'expérience de la maladie à un surcroît de vie. Pourtant l'effondrement intérieur et extérieur de tout ce que nous avions bâti nous invite (nous oblige) à reconsidérer notre place face à la mort et donc à la Vie. Un voyage de héros ! Une initiation au Vivant.

Nous l'avons dit plus haut, la maladie n'est pas la seule expérience qui nous amène à cette prise de conscience. De même qu'après un divorce nous ne refaisons pas notre vie, au sens de reprendre nos habitudes, après une maladie nous ne pouvons pas reprendre notre vie comme si de rien n'était. C'est certainement la prise de conscience la plus difficile surtout lorsque nous avons mal ou que nous nous sentons mal. Nous donnerions tout pour retrouver le sentiment que tout est en ordre, sous contrôle, comme avant. La nostalgie de nos comportements de survie est grande, d'autant que nous savons au fond de nous que nous devons changer notre rapport à la vie mais que nous n'avons aucune idée du comment. Que devons-nous changer ? Nous savons vaguement que nos comportements, nos croyances, nos peurs nous ont amenés à vivre ces moments difficiles et nous avons aussi un sentiment profond d'injustice : pourquoi moi, pourquoi maintenant... ?

L'accompagnement vers la guérison ne peut pas faire l'économie de cette prise de conscience. Combien de fois n'avons-nous pas entendu : *c'est un mauvais moment à passer, tout va rentrer dans l'ordre, vous allez pouvoir reprendre votre vie...* Toutes les personnes atteintes de maladies ont envie d'entendre ce discours. <u>Sauf que la maladie, chronique notamment, est là pour nous remettre au plus près de qui nous sommes. Pas de ce que nous voulons faire.</u>

C'est ce que la médecine actuelle ne fait que très rarement. Dans sa volonté de réparer, d'arranger, elle confond le processus de guérison avec la rénovation d'une maison. Mais la maison s'est effondrée parce qu'elle était construite sur un sol mouvant, il nous faut totalement la repenser et les soins techniques ou les traitements médicamenteux n'y suffiront pas.

Avant tout posons-nous la question essentielle : *est-ce dans cette ancienne maison que j'ai envie de vivre ? Est-ce que ses fondements vont être identiques* ? Et la peur de vivre/mourir est là.

En nous mettant face à nos impuissances, nos fragilités, notre impossibilité de contrôle, nous avons la tentation de nous replier pour effacer cette peur qui soudain prend toute la place. Car changer, vivre tout court, demande de prendre des risques, de lâcher ce à quoi nous nous accrochons depuis tant d'années. Peur de ne plus être aimés, peur de ne plus pouvoir, de ne plus savoir, bref, peur de tout. Et bien entendu peur de mourir. C'est cette peur pourtant qui nous empêche de vivre, qui nous a fait adopter des comportements « satisfaisants » pour les gens que nous aimons, pour la société en général.

Dans une conférence, Bertrand Vergely parlait du Sens de la Vie[27]. Les dernières décennies ont apporté un tel lot d'horreurs et de violences que nous avons repoussé l'idée même de donner un sens à la vie. Depuis des décennies, la société matérialiste et consumériste refuse que la vie puisse avoir un sens puisque tout se termine par la mort, le néant. Lorsque je dis que nous avons, nous les soignants, perdu le sacré de nos métiers, je fais référence à cette perte de sens.

D'ailleurs de quel sens s'agit-il ? La direction ou ce que l'on ressent comme l'évoque l'étymologie ? Il est évident que les deux interprétations sont justes. Mais direction n'est pas but.

Les personnes qui vivent une expérience désagréable et pour peu qu'elles se posent la question, savent que quelque chose « ne va pas dans le bon sens » parce qu'elles ressentent un malaise, un stress, une vague

---

[27] https://www.youtube.com/watch?v=qWNGPyiLau8

impression qu'elles marchent à côté de leurs pompes. Ce n'est pas l'expérience elle-même qui amène le ressenti mais justement la conscience que depuis quelques heures, mois, années elles ressentaient un malaise à suivre stupidement la route programmée par un GPS sans âme. Ce GPS correspond à toutes les croyances, les normes les il faut, je dois... etc. que l'on accepte parce qu'il est important d'être reconnu, de faire partie, d'être aimé.

Et si nous arrêtions de nous plaindre !

Celui-là qui se plaint que le monde lui a manqué, c'est qu'il a manqué au monde. Antoine de Saint Exupéry

À la lecture de cette phrase de Saint Ex, nous pourrions penser que le jugement est sévère. Pourtant nous sommes au cœur même de la difficulté existentielle.

Comme souvent les définitions permettent de préciser ma pensée :

- Plainte : Gémissement, lamentation exprimant la douleur ou la peine.
- Demande : action de faire savoir que l'on souhaite quelque chose.

La difficulté pour le soignant est de réussir à faire formuler une demande au patient qui, lui, nous fait part de sa plainte.

Nous sommes alors confrontés à la responsabilité, celle du patient comme la nôtre. Tout commence par la question du médecin, souvent quelque peu paternaliste : *Alors qu'est-ce qui vous amène ?* Les réponses sont pratiquement toujours les mêmes : *J'ai mal à, Je souffre de, Je suis crevé, je n'ai pas le moral, J'ai tel ou tel symptôme…*

Ce sont des plaintes et, sauveurs que nous sommes, nous nous précipitons. Nous oublions alors la dimension essentielle de l'engagement dans une relation de partenariat. Il est évident que la demande sous-jacente à la plainte existe mais elle n'est pas formulée. Et de ce fait, le positionnement du patient dans la relation n'est pas juste pour un engagement sain dans le processus de guérison, pas plus que l'engagement du soignant à se mettre au service du patient.

Cette différence entre plainte et demande fait le lit de beaucoup « d'incompréhensions » : soumission au sachant, « non observance » des traitements, faux consentements (non) éclairés. Et du côté du médecin les risques d'erreurs diagnostiques et/ou thérapeutiques, de judiciarisation.

Et même lorsque le médecin accueille le patient par un : *Qu'est-ce que je peux faire pour vous ?* Le patient va présenter sa plainte et entrer dans une relation à l'autorité sans engagement.

Car l'engagement des patients est essentiel à leur guérison. Pas le respect d'une ordonnance ou des prescriptions mais un engagement à se soigner, à prendre soin de lui, à se guérir. **Un engagement d'amour à son égard.**

Engagement. Voilà un terme aux définitions multiples. De l'acte par lequel on s'engage à accomplir quelque chose, au combat de courte durée dans le langage militaire en passant par le franchissement du détroit supérieur du bassin dans l'accouchement ou du tissu cérébral par un orifice crânien. L'étymologie nous parle de l'action de mettre en gage, de lier par un contrat et plus tard de faire entrer dans un espace étroit.

Ces deux premières acceptions sont valables dans la notion de colloque singulier. C'est en effet un contrat entre le soignant et le malade avec pour le médecin comme objectif la mise en place des meilleurs outils (soins) possibles, ce qui ne sera réalisable que lorsque le malade aura clairement exprimé sa demande.

Mais c'est aussi entrer dans cet espace que Levinas a si bien nommé : *l'espace de la caresse*[28]. Bien entendu nous pensons au toucher mais Levinas nous dit aussi qu'elle *transcende le sensible, qu'elle ne se saisit de rien, qu'elle marche à l'invisible*. La main dans les soins peut et, oserai-je dire, doit se faire caresse. Le corps de l'autre n'est pas un « corps-chose ». Et entre ces deux corps (celui de *l'autre-médecin* et de *l'autre-patient*), il y a cet espace si étroit, si fragile qui demande l'engagement de ces deux humanités. Une porte étroite qui nous demande d'être soi (soie), vraiment soi face à l'autre.

La non demande, la plainte ne permettent pas ces deux qualités d'engagement. Elle transforme ce qui est caresse en préhension. Le patient devient victime et le médecin sauveur et/ou bourreau. Toujours la fameuse **prise en charge** !

Il est donc primordial d'accueillir la plainte et d'aider le malade à exprimer sa demande. Primordial aussi pour le soignant de savoir écouter l'inexprimable, l'inconcevable

---

[28] *Totalité et Infini. Essai sur l'extériorité*. Emmanuel Levinas. Le livre de Poche

du patient. Cela nous demande une transparence à nos projections, nos préjugés, nos savoirs. L'écoute réelle nous met en disponibilité de cœur et d'âme dans une réceptivité à l'Autre. Nous pourrons alors mettre au service du patient les savoirs et les outils dont il aura besoin dans le cadre des soins. Nous ne pouvons pas savoir ou faire à sa place.

Dans la tourmente sanitaire actuelle, les demandes des soignants ne sont pas plus explicites d'ailleurs. Beaucoup de plaintes par contre, et à juste raison. J'ai appris lors de mes formations avec les anglo-saxons la valeur d'un contrat et les grands principes de la négociation. Ce que je regarde avec désolation, ce sont des négociations en forme de chantage : *Si..., alors...*

Lecteurs (trices), vous êtes un certain nombre à être parents d'adolescents. Petit zoom sur un échange classique :

Papa, Maman est ce que je peux aller chez mes copains, ou jouer sur ma console, ou sortir samedi soir... ?

Si tu ranges ta chambre d'abord !

Et voilà notre ado chéri qui sort en claquant la porte et en se demandant pour la énième fois ce qu'il a bien pu faire pour avoir des parents aussi peu compréhensifs.

Je ne vous étonne certainement pas en vous disant que c'est du vécu !

Jusqu'au jour où un de mes maîtres, négociateur dans la police américaine[29], m'a proposé une autre formule.

---

[29] Georges Kohlrieser, psychologue clinicien, expert en négociation de prise d'otages. *Négociations sensibles*. Village Mondial éditeur

À la question est-ce que je peux... je répondais : *Pas de problème <u>dès que</u> tu auras fini de ranger ta chambre.*

Cette formulation, qui semble identique à la première, met en place deux notions importantes :
- L'engagement réciproque de l'enfant (je range) et de ses parents (je te donne la permission)
- L'introduction d'une dimension temporelle, qui donne un espace de liberté à l'enfant. C'est lui qui choisit quand il va ranger pour pouvoir sortir.

Le chantage affectif, n'a jamais résolu les conflits. J'ai ressenti très souvent les relations dans le domaine du soin comme des « prises en otage ». La notion est dérangeante. Pourtant nous en retrouvons les différentes dimensions à partir du moment où les engagements ne sont pas clairs et où l'autoritarisme, voir la violence, entrent en jeu. Ces prises en otage se font à tous les niveaux du soin.

Prises en otage des soignants par les Ordres et les administrations. Nous avons l'exemple récent de la suspension, sans salaire, de celles et ceux qui ne se sont pas alignés sur le discours dominant. **Si** tu ne te fais pas vacciner, je te suspends de tes fonctions et je ne te permets pas de trouver une échappatoire. La problématique est que devant une telle violence la capacité de réaction est neutralisée. Les demandes de réintégration sont à mon sens incompréhensibles. Comment vouloir encore revenir dans un système qui a violé les valeurs essentielles de probité, de liberté etc.

Du côté des patients, l'épreuve de la maladie entraîne un asservissement à ce système, quel qu'en soit le coût physique, psychique ou émotionnel.

Il est donc indispensable de clarifier nos demandes, et nos besoins. En tant que personne, malade ou pas.

Je ne cesse de lire que nous arrivons au terme d'un système de société. Certes et alors maintenant que voulons-nous ?

Apprendre à désobéir.

"Sous chaque "maladie" se trouve l'interdiction de faire quelque chose que nous désirons ou l'ordre de faire quelque chose que nous ne désirons pas. Toute guérison exige la désobéissance à cet interdit ou à cet ordre. Et pour désobéir, il faut se débarrasser de la peur enfantine de ne plus être aimé, c'est à dire abandonné. Cette peur entraîne un manque de conscience : celui qui en est affecté n'a pas conscience de ce qu'il est vraiment, car il essaye d'être ce que les autres attendent qu'il soit. S'il persiste dans cette attitude, il transforme sa beauté intime en maladie. La santé ne se trouve que dans l'authenticité. Pour parvenir à ce que nous sommes, il faut éliminer ce que nous ne sommes pas. Le plus grand bonheur, c'est d'être ce que l'on est".
– Alejandro Jodorowsky

J'ai entamé cet ouvrage par la découverte d'une qualité particulière du mot NON. Ce non à ce qui met mon intégrité intérieure en danger. Ce NON qui dit OUI à qui Je suis. Un NON par respect de mes valeurs et/ou de celles des personnes que je soigne. Hors de toute considération ou influence extérieure, hors de toute compromission. Et bien entendu ce qui est bon pour moi, individu unique, dérange trop souvent une médecine, qui, malgré des slogans autour de la personnalisation des soins, reste ancrée sur des pratiques uniformisées.

« *J'attends la permission des médecins pour sortir manger avec mes enfants ce WE, pour rentrer chez moi, pour arrêter ce traitement etc.* ». Combien de malades obéissent sans discernement, abandonnent leur souveraineté, leur énergie intérieure face aux dictats médicaux. Je reste encore interloquée par les réactions de la plupart de « mes » patients face à l'autorité médicale et/ou administrative.

Il me revient l'énergie joyeuse que nous avons déployée avec une consœur pour permettre à un patient en fin de parcours de vie de partir aux antipodes pour voir sa famille. Il est revenu, serein et prêt à franchir la dernière étape. Et que dire de ce monsieur dans une détresse sociale et financière absolue dont les voisins et rares amis ont accepté de l'accompagner pour qu'il puisse rester chez lui. Quelle bagarre avec le service d'hospitalisation à domicile, les assistantes sociales et les administrations de tous ordres. Nous étions irresponsables. Lui aussi a pu s'en aller, entouré de la chaleur de toutes celles et ceux qui s'étaient mis à son service. Dire NON aux « conventions », aux normes pour dire OUI à l'Autre simplement.

Lorsque nous <u>avons</u> une maladie, nous sommes tellement sûrs <u>d'être</u> malades que nous acceptons l'infantilisation totale dans laquelle nous met notre pathologie. Qui dit être malade dit être faible, sans capacité à raisonner, être soumis. Bien entendu avoir une maladie fragilise et peut aller jusqu'à nous rendre dépendant. Pour autant sommes-nous devenus des enfants de 3 ans ? Certainement pas et le corps soignant, face à la peur de ne pas faire bien ou assez, demande aux malades de bien se comporter, d'être courageux, de se battre. Drôle de double contrainte : *"Soyez soumis à nos décisions, à nos soins mais conduisez-vous comme des adultes"*. Pas de plainte, pas de sonnettes intempestives, pas de larmes sinon les tranquillisants seront là pour sécuriser le soignant.

Bref cette notion d'obéissance dans les soins est particulièrement nocive à un véritable partenariat entre le malade et les soignants. La maladie n'est pas un état, c'est une expérience, douloureuse et parfois grave qui a comme conséquence de changer l'idée que la personne se faisait de son futur et de changer aussi sa perception face à la vulnérabilité. Ce n'est en aucun cas une dimension identitaire qui en fait un objet soumis au dictat médical. Pour le patient, il s'agit d'apprivoiser la peur pour prendre sereinement les décisions nécessaires à sa vision de la vie.

Devant les réticences ou « désobéissances » des personnes malades, le politiquement correct a inventé la compliance. Qui n'est autre que l'observance thérapeutique.

L'origine du mot compliance est complaire. Ce vocabulaire est encore lié à l'entreprise où la compliance définit ce que l'entreprise met en œuvre pour que les règles (notamment juridiques) soient respectées. En matière de soins comment faire pour que les règles (que l'on peut traduire par processus, protocoles, parcours de soins) soient respectées par le patient. Comment faire, surtout dans les maladies chroniques, pour inciter le patient à faire ce que le corps soignant estime correct, selon les données de la science !

On ne peut pas dissocier l'observance thérapeutique (compliance ou obéissance) de la dimension juridique du soin. Plus précisément du risque de judiciarisation car il est fort difficile de faire passer des protocoles, préconisations et processus pour des lois. Ce ne sont que des normes, basées sur des statistiques, qui permettent une base de réflexion et qui encore une fois ne tiennent nullement compte de l'unicité de la personne malade.

Le médecin, le soignant se doit de tout faire pour que le patient respecte les injonctions (le politiquement correct dit préconisations) pour que les hautes instances ne leurs reprochent rien. La compliance, complaire aux soignants, respecter les règles du soin est extrêmement difficile surtout dans des maladies chroniques. Mais nous, soignants, sommes obéissants aux règles imposées par le politique, les sociétés savantes, les ordres.

J'écoutais le Pr Raoult dire sans ambages que la catastrophe de la recherche française est en partie, grosse partie, due à l'incapacité de dire non, de désobéir. Il faisait référence aux anciens patrons, les mandarins, tellement décriés par les jeunes dont je faisais partie. C'est vrai ils étaient la plupart du temps méprisant, odieux, parfois harcelants. Mais certains que j'ai côtoyés étaient aussi cultivés, écrivains, pianistes de talent, poètes. Ils étaient *honnêtes hommes* comme les décrivait Molière. Et ils savaient poser leurs limites face aux administratifs et aux labos. Autre temps, autres mœurs.

Pour quelles raisons un malade n'aurait-il plus envie de respecter les ordonnances ? Ces raisons sont nombreuses : probablement parce que ce sont des ordonnances, des ordres (même si le politiquement correct a remplacé ordonnance par prescription qui est toujours un ordre).

Quels arguments un malade a-t-il face au médecin qui sait ? Peut-être aussi la lassitude des contraintes et douleurs initiées par les traitements et la maladie, le sentiment de ne plus être en maîtrise de son corps, de sa psyché. Mais surtout la conscience, souvent inconsciente d'ailleurs, que ce n'est pas son chemin, que peut-être existe une autre voie de soin, un autre potentiel de vie.

Je sais qu'en parlant ainsi les matérialistes, rationalistes et autres scientistes vont penser que je renie les thérapeutiques classiques. En aucun cas. Simplement je suis en confiance avec ce que ressens le malade et je l'écoute. Je suis simplement lassée des outrances dans les soins.

Il ne s'agit pas de vérifier, de contrôler si le malade est compliant ou obéissant mais de comprendre ce que signifie pour lui(elle) l'épreuve qu'il(elle) est en train de traverser. Et comment dans ce moment d'effraction, de perte de contrôle, de peur de mourir, de souffrir, va-t-il(elle) se reconnecter avec la partie essentielle de son être. Et bien entendu il est extrêmement difficile de choisir un parcours hors norme, hors protocoles ou dictats.

En fait l'obéissance n'est pas un comportement individuel, mais se révèle être dans la plupart des cas un **comportement mimétique**. Il est difficile de désobéir lorsque tout le monde obéit, de même qu'à l'inverse, il est difficile d'obéir lorsque tout le monde désobéit.

Je ne peux que souscrire à ces propos ayant eu durant des années le sentiment étrange de devoir sans cesse justifier mes résistances et mes positions.

Le partenariat soignant-malade est une alliance. Mais en tout cas pour les infirmiers(ères), elle est dite thérapeutique.

En médecine on parle plutôt de colloque singulier, animé par le respect du secret médical et donc très gênant pour la mise sous surveillance par les instances de tous ordres.

Arrêtons-nous quelques instants sur la notion de secret médical. Même si le serment d'Hippocrate nous dit : *Tout ce que je verrai ou entendrai au cours du traitement, ou même en dehors du traitement, concernant la vie des gens, si cela ne doit jamais être répété au-dehors, je le tairai, considérant que de telles choses sont secrètes*, c'est à Sigmund Freud, en 1913, que nous devons une définition précise de ce terme : <u>un intérêt sérieux et une compréhension bienveillante de la part du thérapeute qui permet de développer avec le client une communauté d'intérêts et une obligation réciproque</u>.

Intéressante cette définition car elle met en évidence que la personne atteinte d'une maladie et son médecin ont des intérêts communs et une réciprocité.

Cette communauté d'intérêts ne peut se comprendre si l'on fait abstraction de la dimension relationnelle. C'est dans l'espace de la relation que ce situe la possibilité « intéressante ». Beaucoup d'entre nous ont eu tendance à penser que l'intérêt était commercial : "tu me soignes et je te paie" Au fil des réformes, le langage s'en fait l'écho : prescripteur et usager.

Il est plus que temps de réaliser que la relation entre un soignant et le patient est à double sens et que le soignant a tout intérêt à la développer ainsi que la confiance car il va apprendre de chaque personne qui entrera dans son cabinet. Mais pour cela aura-t-il l'humilité de reconnaître qu'il ne sait pas tout ? Et a fortiori qu'il ne sait pas mieux que le patient ne sait sur lui-même.

Le grand mot est lâché, humilité. Et les clameurs de rejet de cette valeur trop moralisante inondent l'arène. C'est encore une dimension sacrée de l'art soignant. Savoir que nous ne savons pas tout. Le malade demande notre compétence et notre savoir mais il attend aussi notre honnêteté et notre humilité, que nous le reconnaissions comme une personne et non comme une maladie, un organe ou un symptôme. Rappelez-vous le rein de la 209, la vésicule au fond du couloir, … mépris de la personne, même pas, plutôt inconscience, habitude, paresse, formatage.

Se pourrait-il que les médecins aient oublié cette notion d'alliance, le colloque singulier au profit de la protection, de l'ouverture du parapluie ?

Notre médecine super techno a oublié le concept de « remède médecin » que Balint formulait ainsi : *Le médicament de beaucoup le plus utilisé en médecine est le médecin lui-même*

Cette dimension de remède médecin a été reléguée dans la case « effet placebo » et en allant sur le site de l'association Balint, bien peu de groupes de réflexions sont encore actifs. Pourtant combien d'entre nous, enfants, ont eu de meilleures notes avec un prof qu'ils aimaient bien, dont ils se sentaient reconnus. Il en est de même avec un médecin. Dans le cadre du soin cette dimension est particulièrement importante et encore peu et mal enseignée. Car il nous faut alors envisager que si le malade « aime bien » son médecin pour que le remède médecin fonctionne, il faut aussi que le médecin (ou le soignant) aime son patient.

Et là ça coince. Lorsque j'interroge les soignants, ils me disent aimer leur métier, bien peu me parlent de leur amour des personnes, de la relation. Pourtant c'est l'abandon progressif de la conscience de cette dimension d'amour dans les soins qui est à l'origine de l'effondrement de la confiance et des violences. Encore une fois parler d'amour c'est parler de ce sentiment d'engagement, d'empathie et cela n'a rien à voir avec la dimension de la séduction ce qui fait d'ailleurs partie des règles de notre serment : *Dans toutes les maisons où je dois entrer, je pénétrerai pour l'utilité des malades, me tenant à l'écart de toute injustice volontaire, de tout acte corrupteur en général, et en particulier des relations amoureuses avec les femmes ou les hommes, libres ou esclaves.* Texte original

Je laisserai la conclusion de ce chapitre à Roland Gori :

« *La rencontre d'une confiance avec une dépendance est au cœur de la relation thérapeutique, au centre de toutes les situations de misère sociale, au carrefour de tous les drames de l'existence, de tous les dénuements biologiques, psychologiques et sociaux. Les situations de détresse exigent un Autre, des autres fiables, capables de procurer l'indispensable holding. Winnicott souligne ce qu'il nomme une "dégénérescence" du mot "cure" qui en anglais a d'abord signifié "prendre soin", "porter attention", "sollicitude", pour se restreindre toujours davantage, à partir du XVIIe siècle, à sa signification purement médicale de "guérison" et de "traitement". Nous dirions que nous sommes passés du "thérapeutique", du soin avec sa dimension de* "sacré", de "pratique religieuse", au "iatrique" spécifique du médical. »

Le prendre soin n'est en rien médical. Il fait appel à l'attention que l'on se porte, que l'on porte à ses actes et aux autres. Que l'on soit menuisier, ingénieur ou soignant. Mais il est certain que la mise en place insidieuse de La Science en lieu et place de la dimension sacrée du relationnel a rendu la médecine stérile de la sollicitude.

Être ou ne pas être

La maladie comme toute épreuve réveille brutalement ce que je nommerai la « conscience d'être ».

Je dois cette prise de conscience à mon fils, qui me voyant laminée après mon intervention, m'a dit dans un grand éclat de rire : *Mais Maman, tu es vivante !* Une phrase qui m'accompagne depuis, lorsque je suis tentée de trop regarder la rouille de mes articulations. C'est elle aussi que je désire faire résonner dans tout cet ouvrage.

Parler du sens de la vie revient pour beaucoup à parler religion. Si nous l'entendons au sens de religare, être relié, alors le sens de la vie est effectivement la conscience de notre lien unique et infini avec les autres, la création et ce qui nous dépasse.

Guérir ne serait-ce pas tout à coup ressentir la présence de notre intériorité la plus profonde reliée à plus grand que nous ? Cette découverte, laborieuse, de Qui je suis.

Il semblerait évident pour nous, soignants, interlocuteurs privilégiés de l'intime de nos patients, d'être nous-mêmes reliés à plus grand que nous. Aider à guérir, accompagner sur le chemin de la Vie, c'est prendre la responsabilité d'ouvrir nos cœurs pour accueillir l'autre (comme nous-mêmes) avec ses doutes, ses peurs et, en fin de vie, ses interrogations quant à la réussite de sa vie.

Donc guérir n'est absolument pas ne pas mourir, de même que vivre. La Vie dans sa finitude apparente peut être considérée comme un passage de témoin. Pour Bertrand Vergely du point de vue spirituel, la mort est l'entrée dans la présence invisible, c'est une communication de présence à présence. Et il est encore là question de sacré dans tout ce que les morts, depuis que le monde est monde, nous ont transmis.

Nous sommes donc, nous médecins, thérapeutes, soignants, les **attracteurs étranges vers la Vie**. Nous ne sommes pas des sauveurs mais nous pouvons par notre conscience d'être, devenir des femmes et des hommes diffusant joyeusement la contagion du Vivant.

Reconnaissez qu'il est plus exaltant d'être contaminés par la Vie que par la peur de la mort. C'était depuis longtemps le rôle des thérapeutes prêtres ou sorciers. Toutes les interventions faisaient appel au Sacré, à l'harmonisation avec les vibrations du Vivant. Nous n'avons gardé de ces époques que l'orgueil du sachant. Nous avons oublié la dimension spirituelle de ce savoir, j'oserai dire initiatique.

La guérison est une affaire tout à la fois individuelle et collective puisqu'elle nous demande la remise en cause de l'erreur radicale : <u>la volonté de donner à l'extérieur de nous le pouvoir sur notre vie</u>. La dualité, dedans/dehors, lumière/ténèbres, corps/esprit, moi/l'autre... rien n'existe dans la dualité, Tout est. À ce niveau, pas de catalogage, pas d'objectivation possible. Pour certains d'entre nous, c'est la phrase du Christ : *Je suis Celui qui est*. Dès l'instant où nous voulons « définir » l'être nous entrons dans la dualité, la comparaison, le besoin mimétique (René Girard). C'est un grand mystère que d'être en Vie. Rien à voir avec la mort, finitude de l'expérience présente. Tout remettre à l'aune de l'Amour Infini.

Conclusion :
Pour un soin vivant

Il est certes important de pouvoir faire un bilan et de décoder les failles de notre système de soin. Plus essentiel encore d'envisager ce qu'il peut et, j'en suis certaine, va devenir.

J'ai relevé les incohérences, les perversions d'un système qui est déjà mort à défaut d'être enterré et bien entendu les émanations de sa décomposition restent particulièrement nauséabondes. Les patients se retrouvent face à une situation qu'ils n'ont pas pu ou voulu envisager. Les alertes ont pourtant été nombreuses et depuis plus de 30 ans. Les soignants ont bien essayé de « s'agiter » de temps en temps mais la récupération syndicale et politique, uniquement axée sur la charge de travail et les salaires a fait long feu. Quant aux Conseils des-Ordres censés défendre les professions de soins, leurs prises de positions ont toujours été du côté de l'État et de la protection de leur pouvoir, de l'entre soi.

Les dernières années ont enfin mis au jour les magouilles et compromissions mais hélas, n'ont pas réussi à montrer à toutes et tous, et surtout à beaucoup de soignants, que le système mis en place n'existait encore que par leur incapacité à dire non et à respecter leurs valeurs.

La mise au pas, insidieuse, basée sur la toute-puissance étatique et ses compromissions avec les industries du médicament, la peur de ne pas pouvoir exercer et une formation de moins en moins cohérente des futurs médecins, nous ont privés de toute capacité à refuser un système absurde et pervers. Tout est chantage depuis trop longtemps. Pire : propagande, déshumanisation !

Ces quatre dernières années laissent remonter les remugles de la propagande eugéniste. La division entre essentiels et non essentiels, le jugement sans appel de Yuval Harari sur les *animaux piratables* que nous sommes, nous humains, le fichage etc. ne sont que les images en miroir d'un passé que nous espérions avoir éliminé de nos vies. Surtout nous, le corps médical, dont trop d'entre nous se sont faits une nouvelle fois les instruments d'un pouvoir monstrueux.

Nous sommes maintenant face au mur de la pénurie de soins (et de nombreux traitements), soignants comme patients. Le totalitarisme sanitaire et ses exécutants (la finance, Big Pharma, OMS, ARS, HAS, Ministère de la santé, Ordres…) ne nous laissent aucun autre choix : Entrer dans le traçage numérique, les téléconsultations, la médecine modélisée et l'éviction de la liberté de prescrire pour les médecins. Nous nous sommes comportés comme des grenouilles trempées dans l'eau que l'on chauffe doucement. Et ça commence vraiment à bouillir.

En résonnance à ce constat, je termine de regarder l'émission spéciale de France2 : *Santé en France, l'état d'urgence*. Le documentaire en première partie fait lui aussi le point sur la déliquescence du soin. Mais le débat qui suit révèle la totale surdité des participants, ministre inclus, de la réelle situation et le leitmotiv « il faut sauver l'hôpital, le système, la santé » ne veut strictement rien dire. Il n'y a rien à sauver mais à repenser ce qui n'est pas la même chose. Le seul interlocuteur lucide était un sociologue. Les propositions du ministre étaient une succession de bonnes intentions politiquement correctes.

Après 40 ans de décisions à court terme, l'offre de soin s'est effondrée. Et j'écoute avec tristesse que tous les professionnels présents attendent de l'État La solution miracle. Comme si nous étions des enfants apeurés qui continuent à vouloir être maternés. Toujours la même confusion entre la compréhension de la santé et l'hégémonie de la maladie (dont l'absence est le seul critère de santé).

Transgression

Pourtant il existe une issue face à ce mur : le contourner !

Certes la route risque d'être longue et ardue mais c'est à ce prix que nous saurons inventer un système de santé et pas de maladie, un système de responsabilité et pas de soumission.

Le contourner comment ? En refusant clairement de jouer avec les cartes truquées. Nous savons que le jeu est pipé, nous le savons depuis des années et pourtant nous continuons. Encore une fois : *La liberté de ne pas obéir est une chance considérable*. Didier Raoult.

Cette liberté est d'abord intérieure dans la prise de conscience de ce qui est, ici et maintenant. Individuellement, face au totalitarisme sanitaire, elle est difficile à poser (les fins de mois deviennent très vite difficiles et le harcèlement administratif délétère) mais collectivement rien ne nous en empêche. Que peuvent faire les institutionnels si tous les soignants transgressent ?

Je partage de tout mon cœur le désarroi des professionnels suspendus et je les soutiens sans réserve. Pourtant je ne me sens pas en accord avec leurs ré-actions. Les réseaux sociaux se font les relais des « convocations » devant les Conseils de l'Ordre. Convocations auxquelles ils se rendent soutenus par quelques résistants. Alors au risque de les choquer, je ne comprends pas.

Je ne comprends pas, malgré les mises en cause des Conseils de l'Ordre (médecins, infirmiers, kinésithérapeutes), malgré les rapports rapidement enterrés de la Cour des

Comptes[30], malgré les compromissions permanentes, que certains, parmi les plus talentueux, les plus courageux des soignants veuillent encore jouer cette partie de poker menteur.

Nous n'avons plus le choix. Il est temps de transgresser, pour enfin sortir de l'adolescence sociétale.

Les biais de compréhension sont nombreux. Pour reprendre des propos de Jacques Généreux *nous sommes dans une expansion importante de la bêtise, qui contrairement à la croyance ambiante n'a rien à voir avec un manque d'intelligence mais à un manque d'effort entraînant une ignorance "confortable", je dirais une paresse, pour chercher les informations nécessaires à une meilleure compréhension. Un effort immense dans une société "accélérée" où le temps et les contextes permettant le recul, l'analyse et le discernement sont drastiquement réduits.*

Nous avons aussi par l'abondance des informations « émotionnelles » et concernant des cas individuels que nous généralisons, un affaiblissement de l'empathie qui est remplacée par de la sensiblerie. Tous ces biais peuvent se regrouper sous le terme de biais égocentriques.

Et puis il y a ce que les économistes appellent le sophisme de l'amortissement qui est l'entêtement dans l'erreur. Le faire plus de la même chose pour essayer de sauver l'investissement à tout prix. Ce qui est valable dans les difficultés à reconnaître que l'investissement financier et/ou technologique est une erreur, est aussi valable dans

---

[30] https://www.ccomptes.fr/sites/default/files/2023-10/20191209-synthese-Ordre-des-medecins-2.pdf

le domaine politique, sanitaire et/ou éducatif car le coût psychique d'un « retournement » est trop lourd. L'inefficacité non reconnue d'une prise de décision implique la mise en place de mesures encore plus importantes allant dans le même sens et figeant l'erreur jusqu'à l'effondrement.

Arrêtons de faire plus de la même chose !

La compétition ça rend con nous dit aussi Jacques Généreux. Là aussi, il s'agit d'avoir l'envie et l'énergie de "vingt fois sur le métier remettre votre ouvrage". Et nous rejoignons la dimension de Résonnance d'Hartmut Rosa[31]. Entre l'accélération et la compétition de plus en plus féroce toute possibilité de ré-flexion, de recul, de confrontation d'idée dans un sens positif est devenue impossible. Chacun se persuade de SA vérité sans capacité de remise en question. Le mur se rapproche de plus en plus vite dans un déni total de la réalité et de l'Autre, dans sa dimension différente, complémentaire.

La crise dite sanitaire que nous traversons encore est le reflet de cette crise du « je sais mieux », qu'avec mon esprit carabin je traduirai par « la mienne est plus longue que la tienne ». Une cour de récréation où chacun(e) reste campé(e) sur une position d'autant plus farouchement défendue qu'elle est clairement intenable.

Alors, outre la transgression et le retournement intérieur, outre l'abandon de la compétition, un dernier effort nous est demandé : la gratitude. Nous pouvons remercier

---

[31] Résonance. Une sociologie de la relation au monde. Hartmut Rosa. Editions La Découverte

notre petit couronné de nous avoir donné la dernière poussée pour nous prendre le mur. Sortons une bonne fois pour toute des positions antagonistes : vax/antivax, médecines allopathiques ou complémentaires, avec ou sans gluten (sucre, lait, etc.), complotistes ou pas, de droite/de gauche. Infernal dans le vrai sens du terme.

La santé et la maladie sont partenaires de nos vies à condition que nous sachions nourrir un véritable amour de qui nous sommes, de ce que nous faisons et des expériences que nous vivons. Et donc que nous sachions réfléchir sur nos connaissances et in-fléchir nos routes pour trouver meilleur vent.

Trouver le meilleur vent c'est d'abord vérifier la destination et donc cesser d'être à la mode, tendance et de faire l'effort de se demander quel sens donner à l'être en-vie. Toute notre vie est dirigée par les effets de mode (même pour les plus rebelles) et les soins n'y font pas exception. Il y a quelques temps, je mettais en boîte un de mes chers beaux-frères qui regardait son application de marche pour vérifier qu'il avait bien fait les 10 000 pas prescrits par les « experts ». Se rend-il compte de la déconnection totale de ses propres sensations que cela entraîne. Il ne s'agit plus de se sentir bien, joyeux de se promener dans la nature, d'entraîner son cœur, de sentir son cerveau émerveillé par la beauté du paysage mais de vérifier qu'on a bien fait ses « devoirs ». Oups ! Le cardiologue pourra vérifier et donner une bonne note.

Cette obéissance alimentée par la peur est diabolique étymologiquement parlant puisqu'elle nous divise, nous coupe de nos ressources et ressentis, qu'elle nous anéantit, nous annihile c'est-à-dire nous réduit à rien ! Nous dés-anime. Nous dés-aimante de notre corps.

La direction actuelle de notre société est exactement de cet ordre : vous ne devez pas faire confiance à vos ressentis, à vos réflexions, à vos savoirs mais uniquement au robot qui va vous dire si oui ou non vous avez été assez sages, suffisamment compliants. Et gare si vous avez triché ! Vous êtes au choix désobéissants, rebelles, asociaux, inconscients... En un mot complotiste !

Donc la seule direction que nous pouvons emprunter est celle de nos ressentis : suis-je en lien avec mes besoins fondamentaux, mes valeurs, mes compétences sans jugement ? Cela demande un peu de temps, de recul lors des expériences plus ou moins agréables de la vie. Comment ressentir quand la seule boussole est extérieure à nous et programmée par de hautes instances. Notre GPS interne est complètement désactivé. Et depuis des siècles. La soumission à l'autorité ne date pas du dernier état d'urgence ou des 49.3.

Responsabilité au service de l'autre

La transgression est sœur de responsabilisation. La philosophie nous définit ce terme comme l'obligation pour une personne (ou un groupe) de répondre de ses actes, d'assumer ses promesses. Notre société en recherche permanente d'un bouc émissaire se définit comme victime (des politiques, des mafias, des réseaux, des lobbies etc.) en oubliant trop vite qu'elle est le reflet de ces parts inconscientes qui dorment au fond de chacun d'entre nous.

De quelle promesse peut-il s'agir ? Pour moi simplement d'être vivante et au service du Vivant à chaque instant. Tout est dans l'attitude que nous avons vis-à-vis des autres, de nos épreuves et expériences. **Le service du Vivant repose sur l'Abondance et le Don.** Notions exactement opposées à la pénurie, la prédation et la marchandisation qui règne encore dans nos civilisations. Il me faut bien reconnaître que les interprétations religieuses des textes sacrés ont très largement participé à cette prédation.

À côté de ces clés individuelles : gratitude, retournement vers soi, engagement, responsabilité, il existe des clés collectives :

– Sortir de la maladie comme repère exclusif de santé. Si je n'ai pas de maladie alors je suis en santé... c'est oublier très vite que la santé est définie de façon beaucoup plus large comme un état de bien-être physique, psychosocial **et** spirituel.

– Mettre en place une véritable prévention/éducation environnementale (encore une fois matérielle, psychologique etc.) et comportementale.

– Prioriser les dépenses de soins. Par exemple faire attendre plus de 3 semaines un patient hospitalisé pour avoir un rendez-vous d'IRM ou de scanner parce qu'il faut faire des économies et qu'il manque cruellement d'appareils est absurde compte tenu du coût de l'hospitalisation. Sans compter les sommes dépensées pour les déplacements par défaut d'organisation et de coordination.

– Retrouver la valeur des actes. Il est évident que l'idée même de valorisation (au sens noble du terme et pas uniquement financière) des soins est totalement oubliée. Il est beaucoup plus rentable pour Big Pharma de vendre 150 millions de boîtes d'antidépresseurs ou d'anxiolytiques remboursés par Maman Sécu (donc quelque part nous payons deux fois : charges sociales + reste à charge) plutôt que de rembourser des séances de sophrologie, psychologie, EFT…

– Ouvrir des lieux complémentaires de soins plutôt que de se polariser sur le nombre de lits dans les seuls hôpitaux.

– Revisiter, revitaliser le contenu des formations que ce soit dans les écoles de médecine ou dans les IFSI[32], et réintroduire les sciences humaines tout au long des

---

[32] Institut de formation en soins infirmier

études : philosophie, sociologie, anthropologie, etc. Ce que dans un temps pas si lointain on appelait les Humanités.

Ces quelques propositions (non exhaustives) ne peuvent bien entendu pas se mettre en place sans une **réelle conscience personnelle et sociétale de la notion de santé.**

Notre société est malade de la peur de mourir, de souffrir. La peur est devenue si intense que nous avons totalement délégué notre santé à l'État. Nous ne pouvons plus dire aux soignants puisqu'ils n'ont plus ni liberté de soigner et encore moins celle de prescrire. Ce sont maintenant les dictats de la commission européenne (non élue !) qui nous donnent les « bonnes pratiques ».

Il est toujours étonnant de constater que les médecins ont une représentation importante à l'Assemblée Nationale et au Sénat. Comment dans les conditions plus que tendues des médecins trouvent-ils le temps de pointer dans ces hauts lieux du pouvoir ? Ce qui est certain, c'est qu'ils n'ont pas été très efficaces dans la protection des soins et des soignants. Hier comme aujourd'hui ils ont participé très largement à l'effondrement du soin, toutes tendances politiques confondues.

La concentration des pouvoirs et la servitude individuelle croîtront donc, chez les nations démocratiques, non seulement en proportion de l'égalité, mais en raison de l'ignorance. Alexis de Tocqueville.

L'ignorance bienheureuse, celle qui permet de déléguer toute liberté et souveraineté dès que l'on a déposé un bulletin dans l'Urne. Les électeurs ont oublié le sens du mot élection : choix. **Choisir c'est assumer son choix, c'est** encore une fois être responsable. Nous avons choisi au nom de l'idéal révolutionnaire d'oublier que **la légitimité d'un élu repose sur le service rendu** !

Qu'en est-il alors du service rendu lors du Covid par ceux et celles qui ont accepté de refuser de soigner au nom de l'État d'urgence et au mépris de notre serment ? Pire encore qui se sont soignés en laissant leurs patients chez eux sans traitement : domicile, dodo, doliprane et ... décès. Les 4 D.

Choisir en conscience et assumer la perte

Notre société "moderne" a profondément changé son rapport à l'effort et au temps. Ce n'est pas négatif que de désirer vivre en accord avec ses besoins, que de poser ses limites. Les « coachs de vie » qui fleurissent dans les entreprises et sur la toile nous parlent du syndrome du hamster qui passe sa vie à courir dans sa roue.

Au risque de passer pour naïve j'ai toujours su que faire un choix entraîne une perte. Voilà aussi la grande difficulté de notre moment : Nous refusons la perte et partant sa douleur. Nous avons clairement perdu *le système de soins que le monde entier nous enviait*. Et nous avons mal à l'équité, à l'être-ensemble. Nous cherchons un ennemi pour exprimer notre colère, pour ne pas ressentir l'abandon, la frustration.

Il n'y a pas d'ennemi, juste un événement, l'effondrement d'un système, qui nous oblige à faire le deuil de notre façon de médeciner. Et plus largement le deuil d'une façon de faire société.

Vous l'aurez compris je suis joyeuse de cet effondrement **et** en colère/triste de constater que la peur de perdre alimente une violence dont les enfants sont les premières victimes. Il n'est qu'à regarder l'explosion des consultations en pédopsychiatrie ou psychologie. Nous avons supprimé l'en-vie du futur à grand coup de *si tu ne travailles pas suffisamment, si tu n'as pas un bon classement dans* *parcours-sup* et surtout en leur donnant l'exemple d'adultes démissionnaires oubliant que **réussir sa vie n'est pas réussir dans la vie**. Que nous pouvons gagner de l'argent, une réputation, des likes mais que **nous n'avons pas à gagner notre vie**.

Du féminin intérieur

La Vie est gratuité, abondance parce qu'elle est Amour. Un soin vivant digne de nourrir La Santé est forcément irrigué d'Amour. L'amour d'être aux côtés de celles et ceux qui a un moment de leur vie font l'expérience de la maladie. Et l'Amour est Conscience. L'intelligence artificielle n'est pas consciente. Elle n'est pas capable d'intention ou d'empathie. Elle n'est pas intelligente, non plus, juste programmée à apprendre.

Et quand il s'agit d'Amour, comment faire l'impasse sur le féminin ? Qu'est-ce que le féminin ? Je ne parle pas du sexe bien sûr mais de la dimension (énergie) féminine.

Nous avons oublié les valeurs du féminin de réception, d'intuition au profit d'un masculin de contrôle, d'action et de domination. Annick de Souzenelle nous rappelle que *lorsqu'on manque de puissance, on exerce la force*. La répression que nous vivons depuis des siècles est bien la marque de l'impuissance des élites dans l'oubli du féminin intérieur.

Que nous soyons homme ou femme nous avons oublié de nous retourner vers ce féminin intérieur, ce féminin qui est épouse de Dieu, la Nature, la Source, l'Univers selon vos croyances. Le médecin pour exercer son art doit se souvenir de cet *inaccompli intérieur*, intégrer ce "féminin voilé"[33] pour soigner en conscience, pour retrouver le Verbe sacré qui alors peut guérir.

---

[33] *Le féminin de l'être. Pour en finir avec la côte d'Adam.* Annick de Souzenelle. Albin Michel

Le soin vivant est accueil, intuition, partage sans rejet de ce que la technique nous apporte mais en la passant au Feu de l'Amour.

C'est un long travail que de se retourner vers l'intérieur, de remettre les valeurs ontologiques en Présence. C'est pourtant l'œuvre fondamentale de la médecine (remise en ordre). Un ami m'a rappelé fort justement qu'il ne pourrait être soigné par un médecin toujours malade de peur. Pourtant c'est ce qui se passe dans cette médecine technocratique et qui oublie trop souvent que le meilleur remède est le médecin lui-même.

Il est temps de réaliser que le médecin (soignant) est malade, miroir d'une société qui a oublié le féminin, la relation, l'amour. Pourtant la société à travers les « revendications féministes » signifie sa soif du divin intérieur, sa soif de reliance, d'épousailles, d'alliance. Mais elle met encore la source à l'extérieur dans les mêmes valeurs de domination et de contrôle.

Le soin vivant n'est pas revendication, il est « découverte » de tous ces potentiels encore inaccomplis parce qu'ignorés ou récupérés par les pouvoirs politiques et religieux.

La médecine de l'information

Tout le réel peut être caractérisé par trois paramètres fondamentaux : la matière, l'énergie et l'information. Notre médecine classique s'occupe des deux premiers : anatomie, physiologie, biologie moléculaire. Mais depuis Erwin Schrödinger et la notion d'entropie négative nous devons intégrer la notion d'information. Or la médecine occidentale a simplement nié, évacué cet acteur fondamental de la vie.

Ce n'est pas le cas des médecines dites complémentaires. Depuis fort longtemps l'acupuncture, les médecines chinoises ou ayurvédiques ont intégré cette notion d'information comme support à la fois diagnostic et thérapeutique. Fritz Popp quant à lui a mis en évidence les bio photons et la communication cellulaire. Sans oublier les recherches sur l'eau de Gerald Pollack, Luc Montagnier et M. Emoto et tant d'autres.

Nous sommes donc à la porte d'une nouvelle compréhension du vivant qui va permettre de soigner sans éradiquer, sans lutte, sans violence. Car mon expérience de la médecine occidentale me fait dire qu'elle traite mais soigne rarement.

Un soin vivant est un soin qui prend en compte l'information qui participe de notre unicité. Les molécules chimiques compensent, remplacent ou tuent ce qui est considéré hors normes. Elles ne résonnent pas avec le vivant. Elles sont à l'image d'une médecine qui veut contrôler, maintenir, sécuriser par rejet de l'idée de la mort. Même l'euthanasie est encore une volonté de contrôle, de suppression de l'inattendu, de l'inconnaissable. En un mot du mystère !

Comment sécuriser le mouvement permanent de la vie (l'impondérable, l'inconnu, l'inconcevable…) ? En le laissant agir à travers nous, en cessant de vouloir le contrôler. Et pour cela regarder nos peurs, nos manques, nos fantômes familiaux et sociétaux en face.

La vie est initiation … à vivre. Une de mes amis me parlait récemment du Voyage du Héros de Joseph Campbell. Très à la mode dans les entreprises et en « développement personnel », c'est avant tout une lecture métaphorique de toutes les étapes à vivre pour « retourner à la maison ». Cet espace intérieur unique et unifié. Beaucoup de personnes au moment de franchir le seuil de la mort nous disent : *Je veux rentrer à la maison*. Il ne s'agit pas de retourner dans leur habitation (ce que l'on peut vérifier en osant poser les bonnes questions) mais de rentrer enfin chez Soi. Un espace d'Amour et de Paix.

Alors oserons-nous individuellement et collectivement exercer l'Amour Médecin ? Oserons-nous sortir de la peur du manque, du besoin de sécurité extérieure pour être en santé et faire collectivement « Sans-Taie » ? Ouvrir nos yeux et nos oreilles au Vivant ?

Les médias et les réseaux sociaux nous parlent d'Apocalypse. Rien à voir avec une catastrophe juste un dévoilement. Enlevons donc les taies qui opacifient nos cœurs. Entrons joyeusement dans un désir de soin en amour.

C'est mon vœu le plus cher pour les années qui viennent, pour nous tous et surtout pour nos enfants, afin que la médecine retrouve son lien au sens de la Vie.

FIN